엄마가 되고 느낀 찬란한 날들에 대한 이야기.
너와 함께한 모든 날들.

눈부신 날들

글·그림 묘연

프롤로그

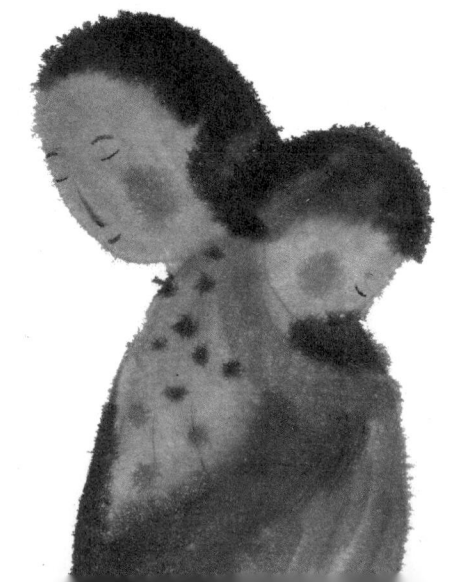

세상 제일 존경하고 사랑했던 아빠가 돌아가시던 날. 극복할 수 없을 것만 같은 아픔이 덮쳐 어떻게 해도 이 깊은 슬픔의 바닷속에서 헤어나오지 못할 것만 같았을 때가 있었어요. 가슴 안에 커다란 기둥이 송두리째 뽑혀 그 사이에 퍼런 슬픔이 녹아내려 더이상 이세상을 살아갈 수 없을 것 같을 때가 있었는데... 아이러니하게도 저는 그 사이에 결혼도 하고 아이도 낳고 그 공허를 또 다른 사랑으로 채웠어요. 사랑하는 사람을 준비 없이 잃었기에 준비 없이 마주한 사랑을 어떻게 지켜야 할지 누구보다 잘 알게 된 것 같았어요. 마음껏 사랑하고, 마음껏 안아주고, 마음속 구석구석 작은 알갱이들까지 싹싹 쓸어 나누어 줄 수 있었던 마음은 아마도 아빠가 가르쳐 주고 가신 것 같았어요. 만약 그걸 몰랐다면 아이들을 이렇게까지 사랑할 수 없었을지도 모르고, 이 시간을 소중하게 여길 수 없었을지도 모르겠어요. 살면서 누군가를 미치도록 사랑한 적이 있다면, 혹은 살면서 가장 사랑하는 사람을 잃어 본 적이 있다면 알게 될 거에요. 사랑하며 살 수 있는 시간들이 얼마나 소중한지 말이에요. 그렇게 엄마가 되고 나니 세상을 보는 눈이 따듯해졌고, 도처에 깔려있는 행복을 발견할 수 있는 능력이 생겼어요. 그리고 조금 더 나 자신을 사랑하게 되었지요. 이 놀라운 변화는 제 진심을 더 따듯하고 끈끈하게 만들었고 저는 이 좋은 마음을 혼자만 간직할 수가 없어서 글을 적기 시작했어요.

물론 쉽지는 않았어요. 엄마가 되니 마치 아이의 존재를 위해 존재하는 것처럼 살게 되었거든요. 그래서 가끔은 나 자신이 너무 초라해 보이기도 하고 내 삶이 불행하게 느껴지기도 했죠. 하지만 절대 이 삶을 후회하지 않아요. 자신보다 더 소중한 사람들이 생긴다는 건 아무나 해볼 수 없는 특별한 경험이거든요. 특히 자식에게 나누는 사랑은 싸운다거나 헤어진다고 해서 사라질 마음이 아니기에 더 특별할지도 모르겠어요.

이렇게 사랑스러운 아이들이 또 다른 사랑을 하게 된다면 우리가 주었던 사랑을 그대로 전할거고 그렇게 우리의 사랑은 끝없이 남을 거에요. 어쩌면 이 특별한 사랑은 몇억 광년을 달려가는, 가늠할 수 없이 깊고 따듯한 빛이 될지도 모르겠어요. 그렇게 따듯하고 반짝이는 우리의 이야기에서 마음 한 켠에 별빛을 발견할 수 있기를 바라며 이 세상 모든 자식들과 부모님들께 이 글을 보냅니다.

2021년 어느 눈부신 날에
묘연 올림

차 례

6 프롤로그

12 무언가를 대하는 마음
20 사랑은
28 어마어마한 행운
34 사라지지 않는 것

44 다 괜찮아
48 짙은 예쁨
54 같이 할 수 없는 일
60 이유있는 음식

68 지나고 봐야 알게 되는 것
74 지금 이 순간
80 분노와 죄책감 사이
86 엄마의 비밀

094 가족이 되는 일
102 위로하는 법
110 길어지는 치맛자락
118 더 나은 네가 되지 않아도 괜찮아

130 아줌마
138 다이어트
146 엄마9단
156 어른이 된다는 건
164 to .

170 에필로그

무언가를 대하는 마음

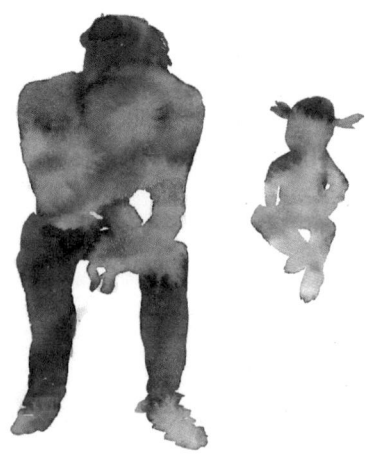

아빠가 돌아가셨다.

 아빠의 심장은 갑작스레 멈춰버렸고 그의 시간을 강제로 종료시켰다. 그날 함께 먹은 아침이 마지막 식사였고, 몇 시간 전에 나눈 자동차 기름 이야기가 마지막이 될 줄은... 함께하는 시간이 이렇게 예고 없이 끝나버릴 줄은 꿈에도 몰랐다.

 어릴적 부터 유난히 전학을 많이 다녔고 어른이 되어서도 아이들을 가르치면서 수많은 만남과 이별을 경험하며 많이 무뎌졌다고 생각했는데 마치 이별은 절대 익숙해질 수 없고, 그 마음을 달랠 최선이란 애초에 없었음을 알게 하는 것 같았다. 아빠가 계시는 동안엔 왜 이런 일이 우리에겐 일어나지 않을 거라고 생각했는지. 생각지 못한 이별 앞에 당황했고 당황스럽게 맞이한 이별을 적응하느라 꽤 오랜 시간이 걸렸다.

 아빠의 시간은 헤어지던 그날 멈춰 버렸지만 나의 시간은 멈추지 않고 계속 돌아 결혼도 하고 출산도 하고 그렇게 소중한 인연들을 새로운 목록에 저장했다. 지독하게 그리워하는 동안 얻은 인연들이라 이별이 두려워지는 건 어쩔 수가 없었다. 그래서 늘 끝을 염두에 두고 하루하루 그들과 함께하는 시간에 흠뻑 빠져 살았다. 이 시간이 영원하지 않다는 것을 알았고 우리가 함께 하는 이 시간이 다시 그리워질 거라는 것을 누구보다 잘 알았기 때문이었다. 그리고 우린 언제든 헤어질 수 있어서 이렇게 사는 동안 함께하는 것이 얼마나 소중한지, 그 소중함을 잃지 않기 위해 어떤 마음을 가져야 하는지, 설령 우리가 헤어진다 하더라도 서로가 부재하는 시간들을 어떻게 보내야 하는지, 이 행복이 예고 없이 끝나기 전에 나의 소중한 사람들에게 꼭 이야기 해주리라 마음먹었다.

장자를 읽어보면 부모의 죽음 앞에서도 의연해질 것을 이야기한다. 삶과 죽음은 모아졌던 기가 흩어지는 하나의 자연법칙일 뿐이니 슬퍼하지도 기뻐하지도 말라고 한다. 그리고 강신주 작가는 한 인터뷰에서 우리가 죽음에 슬퍼하는 이유는 우리가 영원히 살 것처럼 착각하기 때문이라고. 하지만 아무리 그런 말을 들어도 마음이 영 나아지지 않았다. 난 절대 헤어짐에 의연해질 수 없을 것 같았다. 아직도 여전히 한 번쯤은 아빠를 만나보고 싶고 아빠 냄새를 한 번이라도 더 맡아보고 싶을 뿐이다.

 샤를로트 문드리크의 동화책<무릎 딱지>에 보면 죽은 엄마를 그리워하는 아이의 이야기가 나온다. 처음 겪어보는 이별 앞에 어쩔 줄 모르는 부자를 위해 딸을 잃은 할머니가 찾아와, 사랑하는 이가 죽고 나면 가져야 할 마음에 대해서 가르쳐 주신다. 그 방법으로 아이에겐 엄마는 가슴에 있다고 가르쳐 주시고 사위에겐 빵을 반으로 갈라 꿀을 지그재그로 바르는 일을(매일 딸이 했던 행동) 가르쳐 주신다. 이 두 가지만 처방만으로 부자는 다음 날부터 예전과 같은 생활을 하게 된다. 비록 곁에 엄마는 없지만 그 둘은 다시 예전처럼 잘 살아간다.

할머니는 사위에게 그리고 손자에게 자신의 딸의 존재를 잃어버리라거나 죽음을 자연스럽게 받아들이라는 말을 하지 않는다. 그저 간단한 방법으로 가슴에 남아있는 엄마의, 아내의 온기를 오래 간직할 수 있는 방법을 이야기 한다. 그 동화 속 할머니처럼 나 역시 사랑하는 사람들에게 그리워하는 사람의 온기를 오랫동안 남길 수 있는 방법을 가르쳐 줘야겠다고 생각했다.

애석하게도 나는 사랑하는 사람을 잃고 나서야 사랑하는 방법을 알게 되었다. 그리고 사랑하는 동안 중요한 것은 '무언가'가 아니라 '무언가를 대하는 마음'이라는 것도 알게 되었다. 장자가 말하는 의연함은 아마도 사랑하는 사람들에게 진심으로 대하고 후회없이 마음을 나누어, 헤어지는 것은 서로의 형태가 변할 뿐 나눈 마음은 사라지거나 변하지 않으니... 결국 '무언가'보다는 무언가를 대하는 마음'을 중요하게 여기라는 말이 아니었을까.

 그래서 오늘도 그 뜻을 염두해 둔 채 하루를 보낸다. 언젠가는 겪을 헤어짐 앞에 최선을 다하지 못했던 마음을 자책하고 지독한 그리움에 허우적대며 후회하는 일이 없도록 말이다.

우리 언제고 헤어질 수 있어서 지금 이렇게 함께 할
수 있을 때 열심히, 그리고 많이 사랑해야 해.
혹여나 헤어진다 해도 너무 슬퍼 마.
우린 서로의 가슴속에서
따듯하게 남아 있을 거니까.

사랑은

"엄마가 되고 가장 많이 달라진 게 뭐야?"

출산을 마치고 처음 외출을 한 나에게 친구는 물었다.

"많이 달라졌는데... 내가 이 썰을 풀면 너 오늘 집에 못갈 수도 있어ㅋㅋ."

그렇게 대충 얼버무리고 집에 돌아왔지만 그 질문은 물 묻은 신발로 밟은 기다란 휴지처럼 하루 종일 나를 따라다녔다.

그날 밤 일기장을 열어 '내 인생이 아주 많이 달라졌어. 누군가와 사랑에 빠지면 많은 게 달라지

듯 그 사랑은 내 마음과 몸을 변화시키고 우주를 변화시켰지.'라고 말했어야 했다고 적었다.

그리고 생각했다.

진짜 뭘까. 엄마가 되고 이 코딱지만 한 아이에게 갖는 이 엄청난 감정이 도대체 뭘까.

처음 느껴보는 진한, 아니 이 찐~~ 한 감정.

여태 알고 있었던 사랑과는 차원이 전혀 다른 마음. 마치 배추가 김치가 되고 겉절이가 묵은지가 되는 것처럼 예상할 수 없는 맛이 나는 마음이었다.

내 인생 겉절이 시절, 나름 뜨거웠던 남편과의 사랑을 떠올려보면 그때의 사랑은 함께 있어도 함께 있고 싶은 마음이었고 나눠도 나눠도 또 나누고 싶은 마음이었다. 그를 생각하면 하루에 열두 번은 더 심장이 두근거렸고 주머니 속에 감춰놓은 사탕처럼 자꾸만 꺼내보고 싶었고 그만큼 너무 맛있고 달콤했다. 하지만 언제 쉴까 걱정되는 겉절이 같이 늘 긴장되고 애가 타고 예민했다. 돌이켜보면 솔직히 그때는 '사랑의 대상'보다도 내가 느끼고 있는 '풋풋한 사랑의 감정'이 더 중요했던 것 같다. 하지만 엄마가 되고부터 사랑은 더 이상 감정이 중요한 것이 아니라 대상이 중요하다는 것을 깨달았다.

 사랑은 그 대상이 존재하는 것만으로도 감사함을 느끼게 되는 것.

 육체가 존재하지 않더라도 마음속에 영원히 존재하게 되는 것.

 존재는 변해도 그 마음은 절대적이고 지속적인 것이었다.

 그것은 희로애락을 넘어선 가늠할 수 없는 숭고함의 대상이었으며, 단순히 가슴에서 왔다 갔다 하는 감정의 문제가 아니라 존재 자체를 이야기하는 것이었다. 그리고 그 대상은 엄마, 돌아가신 아빠 그리고 형제들을 비롯해 내 자식들에게까지 점점 확장되었다. 서로가 존재하게 하는 이유가 있던 인연들로 말이다. 예전엔 사랑이 주고받을 수 있는 무언가였다면 이젠 하루하루 함께할 수 있음을 감사하게 되고, 볼 수 있고, 만질 수 있고, 이야기 나눌 수 있음에 감사하게 되는 마음이었다. 그것은 쉽게 주고받을 수 없는 감정이었고 실체가 없는 마음이었다. 그렇기에 받지 않는다고 해서 의심하거나 불안해할 필요가 없었다.

엄마의 우주는 지금 너희들로 가득차 있단다.

그리고 사랑의 시그널은 사방에서 일어났다. 봄날 따듯한 햇살처럼 은은하게 우리 사이에 감돌았고, 공기처럼 사방에 떠다녀서 숨을 쉬면 언제나 느낄 수 있었다. 사랑이란 지각할 수 없는 거대한 우주 같아서 함부로 가늠할 수 없었다.

아침에 눈을 뜨고 일어나 밥을 먹고 씻고 대화를 나누고 각자 해야 할 일을 하는 동안에도 같은 공기를 마시고 같은 숨을 쉬는 것만으로 위안이 되는 마음이었다. 모든 일상은 우리가 사랑을 나누기 위함이며 삶의 이유가 '우리'가 되었다.

눈을 뜨고 깜박이는 동안, 숨을 들이마시고 내쉬는 동안, 앉아있고 서있는 동안, 그 사이에서 마주하는 것이 타성에 젖은 지루한 일상이 아니라 특별한 것임을 아는 순간 드는 묘하고 알 수 없는 깊고 어려운 마음이었다.

시간이 갈수록 흐려지고 흔들리는 기억 속에 존재하는 뚜렷한 마음이었고 그 마음 중에 변하지 않는 마음이 있다면 그것이 사랑이었다. 그렇게 마음은 더 커지고 복잡해졌지만, 오히려 표현하는 방법은 쉬워졌다. 서로 깜박이는 눈 사이로 따듯한 온기를 보내거나 그저 눈가에 지는 엷은 주름 사이로 퍼지는 미소만으로도 충분했기 때문이었다.

언젠가 아이들이 자라서 그들이 기억하지 못하는 어린 날들에 엄마는 어떤 마음으로 사랑했냐 물으면 지금 이 글이 답이 될 수 있을까?

아이들을 생각하니 이 글을 쓰는 동안에도 미소가 지어진다.

눈부신 날들 27

어마어마한 행운

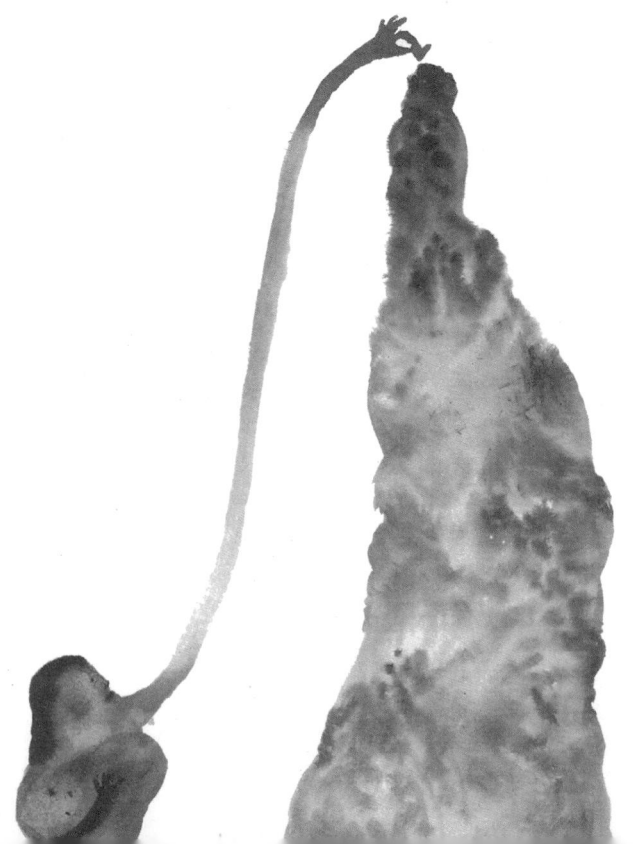

숨 쉴 틈 없이 벽면 가득 진열된 기저귀들.
우리 아이의 뽀송한 엉덩이를 책임질 기저귀를 고르느라 눈이 새빨개지도록 보고 또 들여다본다.

밴드형을 살까, 팬티형을 살까, 이 브랜드를 살까, 저 브랜드를 살까 고민하고 있는데 문득 한편에 진열되어 있는 시니어 패드가 눈에 들어온다.

나와는 전혀 상관없는 물건이라고 생각하면서도 언젠가는 저걸 사야 할지도 모른다고 생각하니 괜스레 마음이 무겁다.

오늘따라 유난히 마트에 진열된 인생사가 눈에 거슬리고 또 거슬린다. 이제 막 삶을 시작한 아이들의 용품들이 이제 삶을 거의 마쳐가는 노인들에게도 필요하다는 사실이 짧은 인생을 대변하는 것 같아 마음이 꾹꾹 눌려진다.

어쩌면 정말 인생의 시작과 끝은 데칼코마니처럼 서로 맞닿아 있을지 모른다. 무덤의 봉분이 아기를 품은 엄마의 배와 꼭 닮아있는 것처럼, 염을 한 아버지의 얼굴이 갓 태어난 아들의 얼굴과 꼭 닮아있는 것처럼, 누워서 엄마의 손길만 기다리는 아이의 모습이 거동을 못하고 누워있던 할머니와 닮아있는 것처럼, 아이를 낳으며 겪은 어마어마한 고통이 아버지를 떠나보낼 때 겪었던 마음의 고통과 견줄 만했던 것처럼. 그렇게 생과 사가 다르지 않은 것처럼 인생은 서로 맞닿아 순식간에 흘러간다.

생각보다 길지 않은 우리의 시간들. 그리고 지구의 억만 겁의 시간 속에 티끌 같은 우리의 인생.

나의 아버지가 나의 아들을 만나지 못했던 것처럼 우리는 꼭 만나지 않았을 수도 있다.

삶의 주기가 엇갈려 서로 사랑할 기회를 잃었을

수도 있는데 이렇게 서로의 눈을 보며 살을 맞대며 살아갈 수 있는 인연들이 얼마나 소중한 것인지 새삼스럽게 고맙고 소중해진다.

더구나 우리가 이렇게 부모와 자식으로 만나 평생 죽을 때까지 서로 사랑할 수 있는 것은 행운이라는 말로는 설명이 부족한 어마어마한 운명일지 모른다. 말도 안 되는 확률로 당첨된 어마어마한 행운.

그렇게 생각해보면 하루의 일상들이 행운의 연속이다. 오늘은 새벽에 칭얼거리는 아이를 달랠 행운을 가졌고, 배고파서 우는 아이에게 젖을 먹일 행운을 가졌다. 아이와 씨름하면서 이유식을 만들 행운을 가졌고, 아이의 기저귀를 갈아줄 행운을 가졌다. 특별히 오늘은 아이의 기저귀를 살 수 있는 행운을 가졌고 마트에 올 기회를 얻었다.

그리고 마트 벽면에 가득 진열된 기저귀를 보며 특별히 이렇게 삶에 대해 다시 생각해볼 여지도 가졌다. 그것 만으로 멋지고 근사한 행복에 당첨된 내 삶...

오늘도 이렇게 감사한 하루가 흘러간다.

어쩌면 정말 인생의 시작과 끝은

데칼코마니처럼 서로 맞닿아 있을지 모른다.

사라지지 않는 것

엄마가 아프다.

며칠 전 무릎 관절이 안 좋아지셔서 수술을 하시게 되었다. 마치 학교에서 줄 서서 차례대로 주사를 맞던 내 어린 날처럼 엄마는 수술을 앞두고 두려움에 떨고 계셨다. 애써 담담한 척. 별거 아닐 거라고 말하면서도 사실 나도 무서웠다. 수능시험 보던 날처럼 긴장이 됐다. 물론 생명에 지장이 있거나 큰 수술은 아니었지만 엄마가 아무 의식 없이 마취약에 취해 있는 모습을 보는 게 너무 무서웠다.

아빠의 마지막 모습이 떠올랐기 때문일까. 우리 언젠가 이 모습으로 만나야만 한다는 잔인한 사실을 부정할 수 없어서였을까.

 어쨌든 다행히 엄마는 수술을 잘 마치셨고 마취에서도 금방 회복이 되셨다. 나는 아이를 데리고 엄마 병간호를 했다. 물론 밤엔 동생이 엄마와 함께 있어주었지만 어린 아이를 데리고 엄마를 간호한다는 건 사실 쉽지 않은 일이었다. 새벽 네 시에 일어나 글 작업을 한두 시간쯤 하고 남편 아침을 챙겨 출근시키고 엄마 죽을 끓이고 아이 아침을 먹이고 청소와 빨래를 해놓고 병원에 가서 이리저리 돌아다니며 호기심을 채우는 아이 뒤를 졸졸 따라다니면서도 엄마 약을 챙기고 움직이는 걸 도와줘야 했다. 그렇게 밤까지 하고 나면 남편이 병원으로 와 나와 아이를 데리고 집에 가는 것이 일과였다.

 그렇게 며칠이… 기억나지도 않는 며칠이 흘렀다.

 사실 몸이 힘든 것도 힘든 것이었지만 병상에 누워있는 작아진 엄마를 인정해야 하는 게 힘이 들었다.

난 우리가 영원하지 않을 것을 잘 알고 있었다. 아빠가 어느 날 예고도 없이 사라지신 것처럼 언젠가는 헤어지고 언젠가는 사라져 없어져버린다는 걸 아주 잘 알고 있었다. 근데 병원이란 곳은 그런 사실을 더 뼈저리게 느끼게 하는 곳이었다.

 난 여느 때보다 더 일찍 일어났고 여느 때보다 더 열심히 하루를 보냈다. 차라리 몸이 너무 바쁘고 괴로워서 그런 생각조차 하지 않길 바랬는지도 모른다.

 그곳에선 모든 게 쓸쓸했다. 젊은 날 굵은 다리 때문에 미니스커트를 입지 못했던 엄마가 가장 작은 사이즈의 다리 보조기를 사야 했을 때 모두가 말라서 좋겠다는 소리를 했을 때도, 병원에서 한 신체검사에서 엄마가 알고 있던 키보다 2센티가 작게 나왔다며 자존심이 상한다며 깔깔대고 웃으실 때도 난 쉽게 웃을 수가 없었다. 엄마가 작아져서 없어져버릴 것만 같았기 때문이었다.

 ...

엄만 무사히 퇴원을 하셨고 난 친정에서 며칠 더 머물다 집에 돌아왔다. 딸이 아닌 엄마의 자리여야 하는 우리 집. 난 집에 돌아와 아주 오랫동안 잠을 잤다. 그리고 꿈을 꾸었다. 비 오는 날 엄마와 함께 우산을 쓰고 가는 어린 날의 꿈이었다. 엄마 키가 너무 커서 엄마가 들고 있는 우산을 올려다보니 우산이 너무 작아 보여 날 가리고 있지 않은 것 같아 불안해하는 그런 꿈이었다.

 잠에서 깨보니 엄만 온데간데 없고 언제부터 이러고 있었는지 내 옆에 누워 내가 깨기까지 나를 기다리고 있는 아이가 있었다.

 아! 내가 엄마가 되었구나...

 아이 눈을 보니 내가 살아온 길고 길었던 인생이 하룻밤 같이 느껴진다.

 깊이를 알 수 없는 까만 눈동자.

 맑다 못해 푸르게 보이는 하얀 눈동자.

 긴 속눈썹에 가려있지만 반짝이는 눈.

그리고 나도 어떻게 알았는지 알 수 없는 나를 향한 동공.

그렇게 눈이 마주치자 우린 함께 웃어본다.

힘겹게 뜨고 있다가 다시 감은 눈엔 얼굴을 씰룩거리며 웃어 보이는 아이의 얼굴이 잔상으로 남는다. 슬며시 다문 입술이 옆으로 당겨진다.

우리의 삶은 생각보다 짧다.

예고 없이 어느 순간 끝나 있을 것이기에, 사라지고 또 사라질 것이기에, 우린 반복되는 하루를 통해 존재를 증명하고 있을지 모른다.

그러는 동안 때론 짜증도 나고, 화도 나고, 지겹고, 지치게 되겠지만 서로에게 따듯한 눈빛을 보내는 건 잊지 말자.

어느 순간 삶이 끝나 눈을 감게 되어도 우리가 나눈 눈빛은 사라지지 않을 테니까.

다 괜찮아.

내 바짓가랑이를 붙잡고 떼를 쓰고 울고 불어도 괜찮은 건, 네 눈 아래 맺힌 눈물이 착한 눈물이기 때문이야.

말썽을 부려도 괜찮은 건, 넌 곧 세상에서 제일 예쁜 미소를 지을 거기 때문이지.

밥을 안 먹고 돌아다녀도 괜찮은 건, 지금까지 건강하게 잘 커주고 있기 때문이고.

네 키만 한 화분을 넘어뜨려 깨트려도 괜찮은 건, 한없이 연약하던 네가 그만큼 힘이 세졌기 때문이야.

화장실에 몰래 들어가 물장난을 쳐도 괜찮은 건,

세상 반짝이는 너의 눈동자가 지금 얼마나 중요한 일을 하고 있는지 말하고 있기 때문이야.

나를 졸졸 따라다니며 밥 먹을 시간과 화장실을 갈 시간을 주지 않아도 괜찮은 건, 네가 나에게 오기 전 그림자 같이 쫓아다녔던 외로움이 어디론가 사라졌기 때문이고, 그만큼 넌 나를 사랑하기 때문이겠지.

쉽게 잠들지 못하고 잠투정을 부려도 괜찮은 건, 넌 곧 천사 같은 얼굴을 하고 쌔근쌔근 잠들기 때문일 거야.

나에겐 너 말고도 사랑해야 할 사람들이 많지만 너는 나 아니면 안 되는 것이기에 난 늘 괜찮아.

그렇게 괜찮다고 넘어가는 날들이 쌓여 이전보다 더 넉넉한 내가 되길 바라.

퍼내도 퍼내도 끝이 없는 마음이 되길 바라.

그리고 난 너에게 오늘도 최선을 다해 사랑해.

네가 느끼고 있는 세상이, 지금은 나밖에 없는 그 세상이, 너에게 따듯하고 넓고 포근한 곳이었으면 하니까.

짙은 예쁨

어쩌면 처음엔 뱃속에서 열 달 키운 정으로 간신히 예뻤고 서른 시간이 넘는 진통 속에서 낳은 아이였기에 성취감이 컸을지도 모른다.

 내 몸의 한 조각 같아서 그랬을지도 모르고, 내가 어떤 사람인지도 모르면서 품에서 세상 편하게 잠들어 있는 아이를 보면서 그 신뢰감에 보답해야 하는 어떤 의무감 같은 것을 느꼈을지도 모른다.

 세게 안으면 부서질 것 만 같은 작은 아이, 온몸이 여리디 연한 속살로 쌓인 것 같은 연한 풀잎 같은 한 아이가 차가운 세상이 무섭고 낯설어 목청껏 울어댔다.

아이는 최선을 다해 울었지만 그 목소리마저도 연약하게 들렸다. 그런 아이에게 나는 따듯하고 든든한 존재가 되어주어야겠다고 생각했다.

"엄마야."

따듯한 목소리로 아이를 덮어주고 따듯한 가슴과 팔로 아이를 수도 없이 안았다. 그렇게 아이는 나를 통해 세상에 적응하고 난 아이에게 적응해갔다. 서로의 삶에 스며들어가면서 서로에게 길들여졌고 맞춰졌다. 그러는 사이에 말로는 표현할 수 없는 찐득하고 진한 감정들이 우리 사이에 엉겨 붙었다.

아이가 숨 쉬는 모습만 보아도 좋았고 어떤 날은 아이가 너무 예뻐서 심장이 간질거렸다. 안 그래도 예뻐서 미칠 것 같은데 이 아이는 작고 연한 입으로 밥도 잘 먹고 우유도 잘 먹고 심지어 예쁜 똥도 싸고 예쁜 색의 오줌도 누었다. 그리고 날 보며 웃었고 가끔은 나보고 "엄마~"하면서 따듯하게 불러주었다. 그럴 때면 기뻐서 눈물이 날 때도 있었다.

물론 잘 먹지 않을 때도 있고 아플 때도 있고 사

고를 칠 때도 있었지만 그런 힘든 시간을 지나 언제나 자는 모습을 보면 아직 길들여지지 않은 깨끗하고 순수한 영혼이 내 등을 토닥였다. 너무 예뻤다. 이렇게 예쁜 애는 세상 어디에도 없을 것 같았다.

눈에 넣어도 아프지 않다는 말...

눈에 넣기에 모자라 그렇게 예쁜 모습을 기억하기 위해 핸드폰에 아이의 사진과 동영상으로 가득 채우고 sns에 아이 사진을 도배했다. 그것도 모자라 스튜디오에서 성장앨범을 계약하고는 아이의 중요한 기념일마다 사진을 찍어주었다.

지난 주말은 그렇게 다가오는 우리 아이 첫 생일을 위해 사진을 찍는 날이었다. 수 백장의 사진을 받아서 보고 나서야 깨달았다. 객관적으로 그렇게 예쁜 아가는 아니라는 것을. (특히 남편은 아이를 모델시켜야 한다며 커트라인 없는 팔불출이었다.)

"여보, 우리 애기 그렇게 예쁜 애는 아니었네,.. 우리 눈에만 예뻐 보이는 거겠지?"

남편과 나는 아주 냉정하고 객관적인 평가 뒤에 서로를 보며 터져 나오는 웃음을 참을 수가 없었다. 이 아이는 그냥 우리 둘을 반반 닮았을 뿐이었기에.

 우리 아이가 세상 예쁘게 보였던 이유는 나와 남편이 사랑한 남편과 나를 반반 닮았기 때문일 것이다. 그 작은 얼굴에서 서로의 얼굴을 보고, 자신의 모습을 보았기 때문일 것이다. 세상 수많은 사람 중에 나를 엄마로 선택했고 믿을 수 없는 확률 속에 우연적인 만남이 소중했기 때문일 수도 있고, 세상 외롭게 살아가던 나에게 떨어지지 않는 껌딱지의 존재가 되어 더 이상 외롭지 않게 해 주었기 때문일 수도 있고, 무방비 상태로 태어나 서로를 의심 없이 사랑할 수 있게 해 주었기 때문일 수도 있다. 아니 어쩌면 이 아이는 정말 눈코입이 예쁜 아이일 수도 있다.

 그렇게 아이가 예쁜 이유를 나열하자면 수백 가지가 넘을 테지만 아이는 나를 의심 없이 '엄마'라고 부르면서 이유 없이 나를 사랑하고 있기에 상처

받을 생각 따위 하지 않고 마음껏 예뻐하고 사랑한다. 그리고 사랑한다는 말만으로는 부족한 이 마음이 날이 갈수록 진해져 매일매일 그 농도의 최대치를 경신한다.

아마 진짜 그런 마음이 눈에 보이는 어떤 것으로 존재한다면 아마도 그건 씻어도 씻어도 씻기지 않는 찐득 거리는 접착제 같고 물에 풀어도 풀어도 연해질 줄 모르는 진한 잉크 덩어리 같을 것이다.

이렇게 진한 사랑을 하며 하루 하루 한 살 한 살 쌓아 나가는 마지막엔 아이가 얼마나 더 예쁘고 사랑스러워질까…그렇게 세월이 켜켜이 쌓이고 우리 사이에 찐득한 사랑이 더 짙어지면 그땐 무뎌질까? 아니면 사랑의 농도는 한없이 짙어져 감당할 수 없게 되는 걸까? 시간이 지나면 알겠지만 문득 그런 게 궁금해진다.

같이 할 수 없는 일

"자기야 잘 자~."

"너도 잘 자."

"꿈나라 가면 도착하자마자 보이는 시계탑 있지? 거기로 바로 와. 기다리고 있을게."

닭살스러운 대화지만 우린 그때 꿈에서라도 함께이고 싶었다.

어떤 날은 다음 날 일찍 일어나야 한다는 것을 알면서도 서로의 목소리를 계속 듣고 싶어 밤새 통화를 한 적도 있었고 어떤 날은 부모님께 거짓말을 하고 며칠을 안겨 있기도 했다.

많이 사랑하고 나서야 아무리 붙어있고 아무리 한 몸이 되려 해도 함께 할 수 없는 것들이 있다는 것을 알게 되었다. 연애시절 함께 만나서 시간을 보내더라도 각자 집에 들어가 떨어져 있는 시간을 그리워해야 하는 것. 그리고 결혼을 하고 나서는 하루 종일 붙어 있다가도 침대 위에서는 각자의 잠에 빠져들어야 한다는 것. 아무리 사랑해도 함께 할 수 없는 것이 있었다.

잠을 잔다는 것은 어쩌면 잠깐 죽어지는 것일지도 모르겠다. 하루의 삶을 마감하는 일과 일생을 마감하는 일. 어쩌면 우리는 매번 죽음을 연습하고 있는지도 모른다. 아이는 본능적으로 그 사실을 알고 있는 걸까. 아이를 낳고 키우면서 제일 힘든 부분이 바로 '잠'이었다. 잠자기 전 아이는 누구보다 예민했고 누구보다 힘들어했다.

잠깐 설거지를 하는 동안 아이는 내 다리에 매달려 울기 시작했다. 조금만 기다려 주면 설거지가 금방 끝날 것만 같아서 우는 아이를 애써 모른 척하고 최대한 빨리 하려 했는데 아이는 세상이 무너진 듯한 표정과 목소리로 울어 버렸다.

'왜 안 자고 나를 기다리고 있는 걸까.'

잠자는 일이 엄마와 잠시 헤어지는 일이라 여기기 때문인 걸까. 아니면 자는 동안 엄마를 보지 못한다는 사실이 아이를 그토록 불안하게 만든 걸까. 그렇게 생각하니 설거지 그게 뭐라고 아이를 울렸을까 싶다. 아이는 자기 전 내 젖을 물든지 아님 꼭 내 냄새를 맡아야 편안하게 잠이 들었다. 엄마의 존재를 확인하며 자야 하는 내 아가. 아이는 생각보다 나를 많이 사랑할지도 모른다.

남편과 그랬듯 어두운 방안에 아이와 둘이 누웠다. 아이는 내 젖을 물고 가슴팍을 어루만지면서 잠이 든다. 나는 그런 아이 볼에 입을 맞추고 머리를 쓸어주고 등을 만진다. 어느새 아이는 잠이든다.

한바탕 무너졌던 세상이 평온해진다.

세상에 수많은 사람들 속에서 반짝 반짝 빛나는 아가야, 우린 어쩌면 이 광활한 우주 속에 티끌 같은 존재일지 몰라. 그렇지만 이것만은 알아 둬. 우리는 서로에게 우주나 다름 없다는 것을…

이유있는 음식

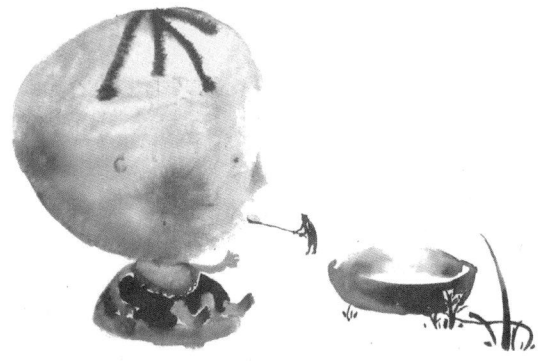

이유식은 모유나 분유와 이별하려고 먹는 음식이래요. 아이가 침을 많이 흘리고 어른들 먹는 음식에 예민하게 반응하길래 이유식을 시작했죠.

어떻게 준비하였냐고요?

여느 엄마가 그러하듯이 저 역시 엄청 힘들었어요. 마치 바다에서 진주알을 찾듯 인터넷에 바다에서, 아마존 강을 샅샅이 뒤져 아주 신중하고 또 신중하게 이유식 준비물을 검색하고 또 검색해서 준비물을 장만했죠. 아이들 용품을 사려고 인터넷을 뒤지는 엄마들의 마음이란 숟가락 하나라도 더 깨끗하고 인체에 무해한 제품을 사려는 아주 정성스러운 마음은 당연한 거 아닌가요?

그냥 사는 법이 없죠.

인터넷에 검색을 해보고 또 해보고 이 사람 말을 믿었다가 저 사람 말을 믿었다가.

칼에 어울리는 도마를 찾고 뚜껑까지 열탕이 되는 이유식 용기를 사고 똑같은 스푼이더라도 색이 더 예쁜 제품을 사려고 밤낮으로 눈에 불을 켜고 찾는 거.

다들 해보셨잖아요.

이유식을 처음 하는 재료에도 쌀을 갈아 만들어줄지 아님 쌀가루를 살지...

쌀가루는 한살림에서 살지 초록마을에서 살지...

믹서기는 집에 있는 걸 써야 할지 새로 사야 할지...

쌀 한톨이라도 더 좋은걸 먹이고 싶은 엄마의 마음은 누구나 같죠.

그렇게 힘든 과정을 거쳐 탄생한 첫 미음.

그런 제 마음들을 미음 한 숟갈에 담아 아이에게 먹였어요.

아이들은 알까요.

그런 엄마 마음.

오늘은 아이가 세상에 태어나 처음으로 첫숟을 뜨는 날이었어요.

"자~아~~."

"아이고 잘 먹네 우리 아가~~ 너무 잘했어!!!."

이유식을 먹이는 동안 남편이 찍은 동영상에는 세상 다 가진 여자의 목소리가 녹음 되었더라고요. 너무 호들갑을 떨었나 봐요. 언뜻 비치는 동영상의 제 모습은 차마 봐줄 수가 없었어요. 아이는 그 마음을 아는지 모르는지 엄마의 사랑을 한 숟갈 한 숟갈 잘 먹어줬어요.

전 가끔 아이를 키우면서 새삼 제가, 그리고 우리가 얼마나 소중한 존재인지를 깨닫게 되는 것 같아요.

가끔 예고 없이 낮아지는 자존감으로...

사실 어제도 그제도 헛헛한 마음을 추스르지 못

해 아이가 자면 혼자 거실에 엎드려서 눈물을 쏟았지만요. 생리할 때가 되어서 그렇다고 혼자 생각하면서 마음을 달랬네요.

다시 틀어 본 첫 이유식 동영상에 찍힌 미음을 먹는 아이에게 환호했던 제 목소리를 다시 들어보니 저도 한 때는 미음 한 숟갈 먹는 걸로 누군가를 이렇게 행복하게 했던 사람이었을 거란 생각이 들더군요. 그리고는 우울한 마음이 일부가 아이의 이유식기를 씻으며 같이 씻겨 내려갔어요.

가끔 아이를 키우면서 너무 힘들 때 혹은 모든 걸 다 내려놓고 싶을 때 이 동영상을 자주 보려고요.

잘 먹고 잘 자는 것만으로, 아니 숨 쉬고 있는 것만으로 사랑받았고 지금도 사랑받고 있는 사람이라는 걸 잊지 않으려고요. 내게도 미음 한 숟갈에 온갖 사랑을 담아주던 엄마가 있었고, 그것을 받아먹으며 소중한 존재라는걸 알게 한 엄마의 사랑이 아직도 식지 않고 내 입술에 따듯한 미음을 들이밀고 있다는 것을요. 그리고 지금은 제가 바로 그런 엄마가 되었다는 것도 잊지 않으려고요.

우리 엄마들이란 사랑을 받기만 하는 존재에서 한 단계 업그레이드되어 누군가의 존재에 소중함과 사랑을 불어넣어줄 수 있는 사람이라는 걸 기억해야겠어요.

 별거 아닌 묽은 미음이었지만 열심히 준비했고 아이는 잘 먹어 주었어요. 마치 열렬한 사랑을 준비해서 먹인 것 같았죠. 아이에게도 엄마에게도 그렇게 우리 모두를 소중하게 만드는 이유 있는 이유식이었어요.

지나고 봐야 알게 되는 것

우리 집엔 네시쯤 되면 붉은 석양이 온 집안을 휘감는다.

오늘도 역시 그랬다.

이젠 그 아름다운 석양이 지겨울 때가 되어 암막 커튼으로 들어오는 석양을 거절했다.

매일 보는 티브이도 지겨워 깜박 졸았다.

그렇게 서서히 어두워지는 거실에서 아이는 졸고 있는 나를 보며 문득 외로웠을지도 모르겠다.

문득 눈을 떴을 때 석양도 가버리고 온통 어둠만이 집안에 들어와 있었고 아이는 내 발 밑에 쪼그려 잠을 자고 있는 걸 보니 혼자 무서웠던 것 같다.

미안한 마음에 아이를 끌어안고는 한참을 아이의 숨소리에 내 숨을 맞추었다.

아이를 침대에 눕히고 나서 핸드폰을 보니 오늘 야근을 하겠다는 남편의 문자가 와있다.

혼자가 된 기분이었다.

오랜만이었다.

정말 혼자였을 때의 기분이었다.

원래 이 시간에는 아이와 한바탕 전쟁을 치르며 저녁을 만들어야 하고 저녁을 먹이고 먹어야 하는데...

그러다 아빠가 오면 반갑게 서로 얼싸안고 하루에 있었던 일을 이야기하고 오늘 낮에 찍은 아이의 귀여운 사진을 보며 서로 깔깔대야 하는데 아이는 잠이 들어버렸고 남편은 오지 않는다니

나의 할 일이 갑자기 없어져버렸다.

아이를 키우면서 이런 순간을 얼마나 고대했는데...

막상 홀로 저녁을 보내게 되니 어둡고 음산한 거실에서 할 일을 찾지 못해 두리번거리는 나 자신을 발견하게 되었다.

그리고 이내 쓸쓸해지고 외롭고 두려워졌다.

마치 가진 것을 다 빼앗긴 것만 같은 불안함이 밀려왔다.

괜히 아이 옆에 누워 자는 아이의 머리를 쓸었다가 볼에 뽀뽀를 했다가 발을 만졌다가 이불을 고쳐 덮어주었다.

낮에 친구들과 카톡으로 '누가 두세 시간만 얘좀 봐주면 살 것 같아.'라고 얘기한 게 후회가 됐다.

해가 지는 아름다운 오후, 그 소중한 시간에 난 왜 따분하게 티브이를 보며 졸았을까.

아이와 한번 더 눈 마주치고 한번 더 이야기하고 한번 더 웃을 것을...

아이의 간식을 하나 더 챙겨줄 것을...

준비도 없이 맞이한 하루의 마지막이 허탈했다.

하루를 따분하게 보낸 대가로 매일 하루의 꽃을 피웠던 저녁 일곱 시를 오늘은 홀로 보내게 되었다.

그제야 조금 알 것 같았다.

움켜쥘 수 없이 손가락 사이로 빠져나가버리는 이 소중한 시간들을 어떻게 보내야 할지.

지금 이렇게 보내고 있는 시간이 얼마나 소중한 시간인지.

지나고 봐야 알게 된다.

그때 그렇게 보낸 시간이 얼마나 소중한 시간이었는지.

눈부신 날들 73

지금 이 순간

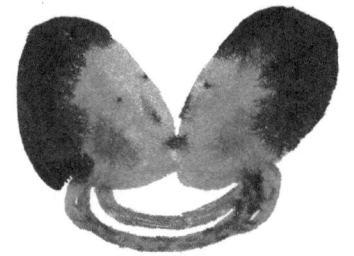

"엄마. 엄마. 엄마~."

동화책을 같이 읽다 말고는 나는 도대체 어딜 다녀온 것인가. 아들이 부르는 소리에 아득했던 정신이 차려졌다. 아이가 책에 그려진 물고기를 가리키며 신나 하는 동안 나는 온통 다른 생각을 하고 있었다. 옆에 있지만 마치 딴 세상에 있는 것 같은 엄마. 불러도 대답 없는 엄마가 아이 눈엔 어떻게 보였을까.

엄마가 정신을 차리고 자기의 눈을 봐주고 이야기를 들어줄 때까지 아이는 연신 엄마를 불렀다.

"엄마. 엄마. 엄마~."

"왜. 왜! 왜!!!"

나도 모르게 툭 튀어나온 대답은 아이에게도 나에게도 맘에 들지 않았다. 세상 신기한 듯 물고기를 보며 엄마에게도 그 기쁨을 함께 나누고픈 아이와 다르게 나는 지금 이 순간이 끝나면 해야 할 일들에 대해 생각하고 있었기 때문이었다.

생각만 해도 머리가 아파오는 일들...

일단 아이와의 책 읽기가 끝나면 어질러 놓은 집을 치워야 하고 밀린 설거지와 빨래를 해야 한다. 그게 끝나면 핸드폰으로 식재료를 주문해야 하고 식재료를 사기 위해서는 냉장고를 한번 스캔해야 한다. 일단 있는 재료로 아이의 식사를 챙겨야 하고 내 식사도 해야 한다. 그리고 몇 달 뒤에 이사 갈 집의 부동산 시세를 확인해야 하고 봄부터 다닐 수영장도 알아봐야 하고 은행 업무를 보아야 한다. 그리고 쓰레기통도 비워야 한다.

이 많은 일들을 잠시 하지 않는다고 해서 내 인생이 어떻게 되는 것도 아닌데 마치 매일 숙제 검사를 받아야 하는 학생처럼 억지로 억지로 꾸역꾸역

이 일들을 해나가고 있다.

 오늘의 일이 끝난다고 해서 내일 쉴 수 있는 일도 아닌 일들. 그런 일들이 오늘은 왠지 더욱더 무겁게만 느껴진다. 그리고 하필, 아이와 즐거운 시간을 보내야 하는 지금. 그 일들을 생각했고 그 무거움을 고스란히 느끼면서 아이에게 퉁명스러운 대답을 뱉고 말았는지…

 아이는 그런 내 마음을 아는지 모르는지 퉁명스러운 대답에도 아랑곳하지 않고 이 물고기 저 물고기를 가리키며 신이 나 있었다.

 걱정과 근심 없이 자신의 느낌대로 살아가는 아이가 갑자기 부러워진다. 억지로 해야 할 일들에 질질 끌려 사는 나와는 다르게 아이는 하루하루 할 수 있는 일들을 늘려나가고 점점 자신이 해야 할 일들을 만들어가고 있다.

 오늘은 물고기가 나오는 책을 읽고 싶었고 물감으로 그림을 그리고 싶었다. 뽀로로가 나오는 티브이를 보고 싶었고 부엉이 인형과 강아지 인형을 번갈아 가지고 놀고 싶었다.

그리고 꼭 그렇게 했다.

순간을 즐기는 삶. 능동적인 삶. 자유로운 삶.

내가 언젠가 그토록 바라던 삶을... 아이는 그렇게 살아가고 있다.

그림을 그리면서 뭘 먹을지 생각을 한다거나 책을 보면서 밀린 은행 업무를 걱정하지 않는다. 그저 자기가 하는 행동들을 온전히 즐기면서 그 순간을 모두 즐긴다. 그렇게 자유롭게 자신의 순간을 즐기는 아이가 난 왜 이토록 부러운 걸까.

어쩌면 아이는 앞으로 해야 할 일들이 내가 해야 할 일보다도 더 많을지 모른다. 하지만 그것을 알든 모르든 생각하지 않는다. 지금 자기 앞에 펼쳐진 것들을 집중하며 온전히 느낀다.

나는 이런 아이를 키우면서 아이를 온전히 집중했던 적이 몇 번이나 있었을까. 아니 내 삶에서 이렇게 순간을 온전히 즐겼던 적은 또 몇 번이나 있었을까. 무엇이 그렇게 즐겁게 했는지 모르겠지만 아이는 내가 이런 생각을 하는 동안에도 모든 걸 신기해하고 신나 했다.

마치 삶은 이렇게 사는 거라고 얘기하는 것처럼…

 난 어쩌면 세상에서 가장 쓸모없는 걱정과 불안을 가지고 소중한 삶을 제대로 살지 못했는지도 모른다. 이런 생각을 하는 내게 아이는 다시 나를 이 순간으로 부른다.

 "엄마!"

 "그래. 엄마 여깄어."

분노와 죄책감 사이

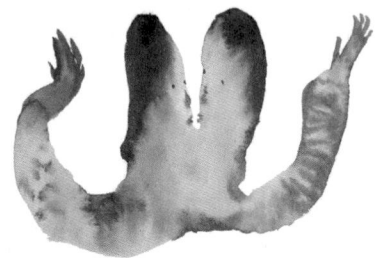

아이를 낳아 길러보니 연애했던 시절, 태풍이 몰아치는 날의 파도 같았던 마음들이 아주 잔잔하게만 느껴진다. 아이와 함께한 시간은 남편과 한 시간의 반의 반도 되지 않는데... 그 사랑의 농도가 너무 진해서 남편과 함께한 10년의 태풍을 잠재우고 아무리 물을 타고 씻어내도 연해질 줄 몰랐다.

 아이를 그렇게 진하고 강하게 사랑한다면 큰 바다가 되어 넓고 깊게 아이를 품으면서 살아갈 것 같았지만 실상은 나도 얼떨결에 하게 이렇게 진한 사랑에 발을 담그고 어쩔 줄 몰랐다.

 이 감당 안 되는 커다란 사랑 앞에 더욱더 작아진 나는 아이의 작은 행동 하나하나에 울고 웃으며 하루하루를 진하게 물들이고 있었다.

 미치도록 사랑을 해본 사람들은 안다. 사랑을 하게 되면 얼마나 예민하게 되는지. 그리고 사랑하는 사람의 작은 제스처에도 울고 웃으며 얼마나 쪼잔해지고 사소해지고 우스워지는지.

 그 중에서도 가장 작아지는 나를 느낄 때는 단연 화가 날 때다. 사랑하는 사람에게 화가 날 때의 그 복잡하고 어려운 감정을 어떻게 극복해야 하는지 잘 모르겠다. 다 큰 어른이 돼서 아이에게 가르쳐 주어도 모자랄 판에 나는 이 분노의 감정을 다스리는 법을 잘 몰라서 오늘도 고래고래 소리 지른다. 더구나 이 작고 여린 아이에게 드는 분노의 감정은 나를 더 작게 만들었다.

 돌이켜 보면 아주 사소한 일들... 새벽부터 일어나 밥을 준비했는데 한 숟갈도 먹지 않을 때, 일부러 그런 건지 실수로 그런 건지 먹지도 않은 식판을 엎었을 때, 나 몰래 화장실에서 물장난을 쳐서 안방이 한강이 되어있을 때, 이유 없이 떼를 쓰거나 안 되는 것들을 한다고 할 때, 짐이 많은데 길에서 안아 달라고 드러누울때 화가 났다. 모두 나열 할 수 없을 만큼 화가 나는 이유는 생각보다 많았다.

그리고 어떤 날은 '화가 난다.'라는 말로는 부족할 만큼 가슴에서 끓어오는 분노를 느끼게 될 때도 있다. 입에서 욕이 나온 적도 있었고 나도 모르게 아이에게 등짝 스매싱을 날린 적도 있었다. 어느 날은 정말 눈동자가 시리도록 내 눈빛이 차갑게 변하는 날도 있었다.

차가운 칼날 같은 눈동자로 아이를 바라 본 날엔 자는 아이 옆에 누워 곱게 감긴 아이의 눈을 보며 하루를 돌아보았다. 그러고 있으면 어김없이 엄청난 죄책감이 몰려왔다.

누구나 그렇다. 화를 내고 나서 마음이 편한 사람은 없다. 마음이 불편해서 화를 냈지만 화를 내고 나면 더 불편해지는 이 불편한 진실. 돌이켜 보면 너무나 사소한 일들, 글로 남기기도 애매한 작은 일들에 왜 이렇게 힘을 줬던 걸까. 세상 차갑게 노려봤던 시리고 무서운 내 눈동자가 아른거린다.

그 눈동자를 보면서 아이는 얼마나 무서웠을까 생각하니 나 자신이 그렇게 미워질 수가 없다. 하지만 그때의 상황을 곱씹어 보면 다시 화가 난다. 가혹할 만큼 아이는 혹독하게 내 사랑을 시험하는 듯 했다. 마치 이래도 사랑할거냐고 묻는 것 처럼. 그렇게 마음속에서 두 가지의 감정이 오늘 밤에도 한데 엉켜 내 마음을 이쪽으로 저쪽으로 잡아당긴다. 쉽게 잠이 오지 않는다.

라고 생각할 때 즈음... 고단한 몸은 생각과 다르게 잠이 들어버린다.

그렇게 분노와 죄책감 사이에 하루가 저물고 동이 터온다. 눈을 떠보니 어느새 어제와 다른 오늘이 시작되었고 아이는 아무 일도 없다는 듯 내 겨드랑이를 파고들어 잠들어 있다.

천만다행이다. 자고 일어나면 또 새로운 하루가 밝아서 다행이다. 오늘은 어제보다 좀 더 크고 깊은 사랑을 할 수 있어서 다행이다.

우리에게 다시 함께 할 내일이 있어 다행이다.

엄마의 비밀

오랜만에 만난 친구들을 만나 육아. 힘들지 않냐는 한마디에 나도 모르게 튀어나온 푸념들.

"매일매일 이 작은 집구석에서 해도 해도 끝이 나지 않는 일을 해야 하는 게 너무 힘들어. 내 미래를 위해, 아니 지금 나의 행복을 위해 시간과 돈을 쓰고 또 그것을 얻기 위해 일을 해도 모자랄 판에 하루 종일 이 작은 아이를 위해 나의 젊음과 나의 에너지와 사랑을 모조리 쏟아버리는 일은 점점 나를 작게 만들지."

친구는 내게 물었다.

"아이 낳은 거 후회해?"

'후회'라는 단어에 번뜩 정신이 차려졌다. 자녀계획을 앞두고 있는 친구에게 어두운 얘기만 한것 같아 미안해졌고 집에서 나만 기다리고 있을 아이에게도 미안해졌다.

사실 엄마들은 밖에 나가서 좋은 이야기는 거의 하지 않는다. 가령 아이의 웃음이 너무 이뻐서 심장이 간질거려 미칠 것 같다든지, 아이가 하루에 한 가지씩 할 수 있는 말과 행동이 늘어가는 것이 얼마나 뿌듯한지, 내가 그토록 사랑했던 남편의 모습이 이 작은 아이에게서 느껴졌을 때 얼마나 사랑스러운지. 그래서 보드라운 볼이 닳도록 뽀뽀해주고 싶다든지. 여린 새싹 같은 머리칼을 매일 만지작 거린다든지. 힘들고 아플 때 고사리 같은 손으로 누워있는 내 머리를 쓸어주거나 사랑한다며 폭 안겨있는 아이를 보면 하나도 아프지 않다든지.

사실 아이를 보며 행복하느라 나를 생각할 겨를이 줄어든다든지. 그래도 좋다든지.

너무도 예쁜 아이의 세상엔 전적으로 엄마라는 이름의 내가 커다란 존재로 자리 잡고 있다는 사실

이 얼마나 행복한 일인지를 말이다.

"아이를 키우는 게 힘들지만 후회는 하지 않아. 왜냐하면 아이를 낳고 나서 느끼는 행복감이 너무 커서 아이가 생기기 전에 행복하다고 생각했던 것들이 진짜의 행복이 아니었다고 생각될 정도니까."

엄마들은 자기의 행복이 멀리 달아날까 봐 좋은 이야기는 숨기는지도 모르겠다. 육아가 너무 힘들다는 말을 한 트럭 쏟아붓고 돌아서서 아이를 보러 집으로 가는 발걸음을 재촉하는 것을 다른 사람들은 모를 거다.

집에 돌아가자마자 잠시 엄마의 자릴 비웠던 자신을 자책하고 아이에게 얼마나 최선을 다하는지를.

모유수유가 힘들다고 이야기하면서도 모유를 졸업하고 난 아이에게 괜히 한 번 더 물려보고 싶은 마음을.

허리가 끊어질 것 같다고 이야기하면서 우리만 있을 때 작아진 아기띠를 괜히 메어보는 마음을.

작은집에서 혼자 행복한 게너무 아까워 아이를 데

리고 여기저기 자랑하며 다니고 싶은 마음을.

힘들다는 푸념을 하면서 자기가 얼마나 행복한지 말하는 거 조차 아까워 숨기고 있다는 걸.

그렇게 작은 집에서 얼마나 열심히 사랑하고 있는 지를.

얼마나 전투적으로 사랑하고 있는 지를.

눈부신 날들 91

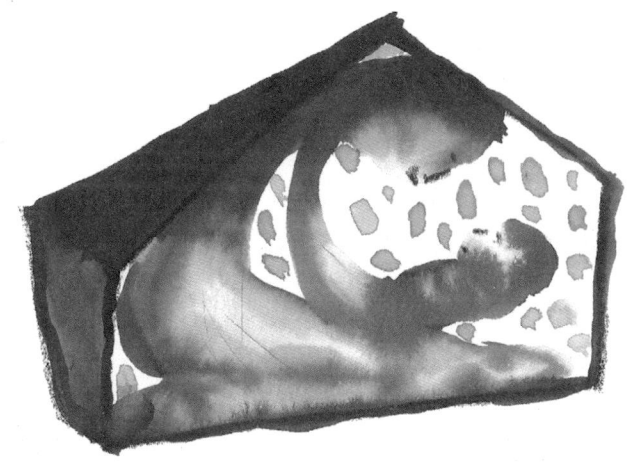

너는 꽃을 보고 난 그런 너를 봐.

가족이 되는 일

둘째를 낳고 집에 돌아왔다.

4월 햇볕은 연한 레몬차처럼 싱그럽고 은은한 따듯함이 감돌았다. 사흘 전 진통을 앓으며 지나갔던 똑같은 길. 그날은 보지 못했던 은은한 온기의 따듯한 봄이 우리의 코를 간지럽혔다.

"집이 참 좋다."

엄마는 일찌감치 우리 집에 오셔서 집을 청소하고 계셨다. 그런 엄마가 괜히 고맙고 살가웠다.

이제 갓 두 아이의 엄마가 되고 드는 낯선 마음에 삶의 교과서를 한 번 더 열어보게 되는 마음이랄까.

왔냐며 반기는 엄마가 내 인생 교과서처럼 느껴졌다. 그런 엄마를 보자마자 꽉 안았는데 35년동안 몰랐던 엄마의 마음을 이제서야 알아버린 느낌이었다. 아마도 나의 탄생을 위해 엄마가 느꼈을 고통을 알고 왔기 때문이었을까. 엄마의 작은 어깨가 너무나도 대단해 보였다. 벚꽃이파리 같이 작고 연약한 아이를 익숙한 방안 침대에 누이고 나니 이제 제법 내가 아이 둘의 엄마라는 실감이 났다.

그날 이후로 우린 모든 게 많이 달라졌다. 3일 만에 집에 왔을 뿐인데, 저 방에 작은 아이가 하나 있을 뿐인데, 나뿐만 아니라 우리 가족의 삶은 모두 크게 달라졌다. 잔잔한 호숫가에 던진 자그마한 돌이 큰 파동을 일으키듯이... 우리 가족에게는 너무나도 큰 변화가 몰아닥쳤다. 매일 바닷물을 한 통씩 퍼먹으면서 바닷물이 줄어들길 바라는 마음으로 집안일을 해야 했다. 셋만 있을 때와는 다른 차원의 집안일이었다.

한시도 가만히 앉아있을 시간이 없었다. 눈 뜨면 아이에게 젖을 물리고, 다 먹이면 트림시키고, 그러다 토하면 옷을 갈아 입히고, 기저귀를 갈아주고, 쌓여 있는 빨래를 돌려놓고, 돌려져 있는 빨래를 널고, 개고, 바닥에 걸레질을 하면 아이는 또다시 깨고를 반복했고 그 사이 사이 큰아이 아침밥을 챙겨주고, 등원 시키고, 하원 시키고 나면 간식을 챙겨주고, 손 씻기고, 기저귀를 갈아주고, 오늘 하루 있었던 일을 물어보고, 도시락을 씻고, 깨끗한 옷으로 갈아 입히고 나면 그 중간중간 작은아이가 깼다. 저녁은 아이를 업고 서서 먹는 일이 다반사였다. 당연히 큰애에게 전보다 신경을 못쓰는 건 물론이고 나 자신은 안중에도 없었다. 아이가 자는 시간을 틈타 아주 빠르게 화장실을 다녀오고 그러다 보니 출산 후 오로가 잘 배출되고 있는지 몸이 잘 회복하고 있는지는 살펴볼 겨를이 없었다. 하루 종일 세수할 시간도 없어 지저분한 몰골로 남편이 돌아올 때까지 기다리고... 그 와중에 남편은 정말 하나도 신경 쓰지 못했다. 하루 종일 무슨 일이 있었는지, 업무가 얼마나 고됐는지 물어볼 여유가 없었다. 남편은 회사에서 야근을 할 수가 없어서 해야 할 일을 점심시간을 줄여 하기 시작했고 집에 뛰어와서는 와이셔츠를 벗지도 못한 채 아이를 목욕시키고 재우고 나서야 저녁을 먹었다. 그나마 시켜먹는 게 일쑤였다. 그러니 집에 일찍 오라고 할 수도 없었지만 그나마 남편이 일찍 오지 않는 날엔 밤이 되면 눈물이 날 정도로 고된 시간이었다. 그 사이 큰아이는 늘 바닥만 바라보았다. 늘 자기만 바라보던 엄마와 아빠는 몰아닥친 현실에 아등바등거렸고 그 모습을 본 아들은 자신을 좀 봐달라고 자신 있게 말도 못 했다. 늘 울음을 참고 있었다.

작은 아이의 신고식은 사실 잔혹할 만큼 힘겨웠다. 하지만 견딜 수 있었던 건 서로의 따듯한 마음이었다. 어떻게든 일찍 들어와 함께 하려는 남편의 배려가, 함부로 울고 떼쓰지 못하는 아이의 배려가, 그리고 그사이에서 내 역할을 열심히 하는 나의 배려가, 그리고 아무 걱정 없이 쑥쑥 성장하는 아이의 배려가 우리를 더욱더 단단하고 끈끈하게 만들었다.

물론 큰 아이는 동생이 태어나고 크게 아팠지만 그것을 극복하는 동안 우린 더 단단한 가족이 되었다.

 이런 극한 상황에서의 서로의 따듯한 마음 한 장 한 장이 모여 예쁜 꽃을 만들었고, 그 꽃은 쉽게 흐트러지지 않았다.

 그건 아마도 우리 각자 예쁜 꽃잎이 되어 손에 손을 꼭 잡고 서로를 지키고 있었기 때문이 아니었을까.

 한 가족이 되는 것이 쉬운 일이었다면 서로 각별해질 이유를 찾지 못했을지도 모른다.

한 가족이 되는 것이 쉬운 일이었다면
서로 각별해질 이유를 찾지 못했을지도 모른다.

눈부신 날들 101

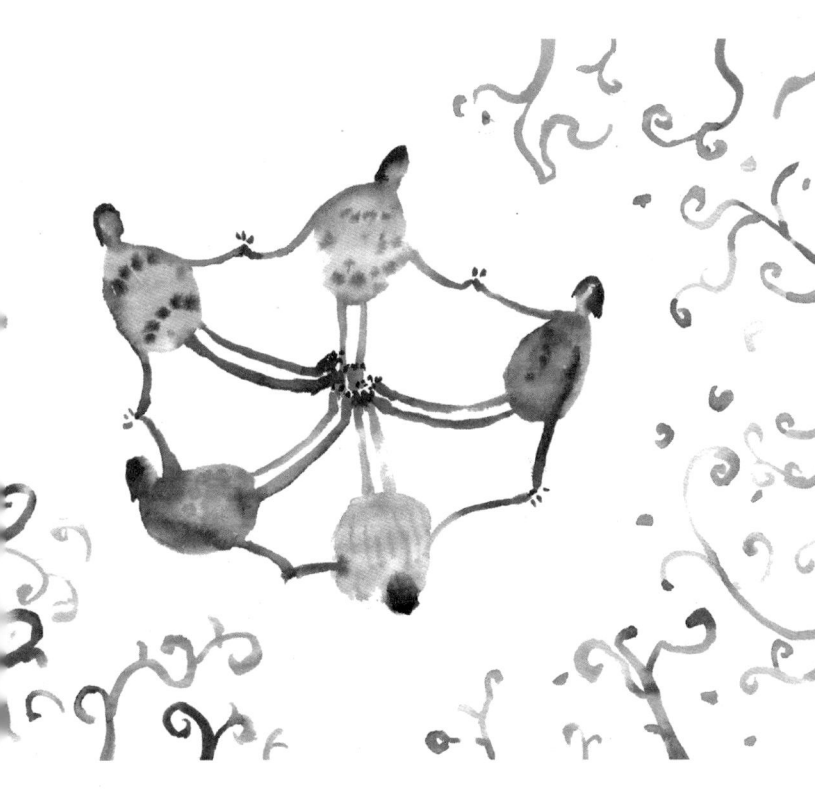

위로하는 법

"싫어. 저리 가."

목이 메는 목소리로 이야기하고는 뒤돌아 앉는 첫째아이. 동생이 태어나고부터 부쩍 떼쓰는 일이 많아졌고 토라지는 일이 많아졌다.

첫째들은 동생이 생기면 모두 겪는다는 질투의 감정. 동생을 본 아이는 질투를 넘어서 슬픔과 우울함을 그리고 분노와 좌절을 겪는다. 아이는 그런 부정적인 감정을 어떻게 해야 할지 몰랐다. 꾹꾹 참고 눌러 담고 있다가 한번씩 그 감정이 터지는 날에는 속수무책이었다. 그러는 아이를 혼내봤다 달래 봤다 별짓을 다해도 소용이 없었다.

동생이 밉거나 싫다기보다 사랑을 빼앗긴 그 상황이 싫은 것 같았다. 아이는 집에서뿐만 아니라 어린이집에도 하루 종일 교실 뒤에 서서 손톱만 뜯다가 집에 오곤 했다. 하루 종일 아무 활동도 참여하지 않았고 자기가 하고 싶은 대로만 했다. 밥도 안 먹고 잠도 잘 못 잤다. 마음의 상처 때문인지 아이는 몸도 크게 자라지 않았다. 어린이집에서 선생님은 아이가 눈 마주침이 되지 않으니 한 학기 동안 노력해보고 안되면 전문가의 도움을 받아보자고도 하셨다. 소아과 의사 선생님과도 상담을 했는데 아마도 아이에게 우울증이 온 것 같다고 하셨다. 산 넘어 산이었다.

 자고 일어나면 울면서 엄마가 죽는 꿈을 꾸었다는 아이, 매일매일 하루하루가 신경질로 가득 차 있는 아이, 늘 울음을 참고 있는 그런 아이를 보니 내 마음은 더욱더 타들어가는 것 같았다. 겨우 네 살짜리 어린아이가 감당하기에는 정말 힘든 감정인 것 같았다. 밤에 자다가도 기분이 이상해서 눈을 떠보면 아이는 밤새 자지 않고 잠들어 있는 엄마, 아빠를 바라보며 눈물을 흘리고 있었다.

아이의 아픈 감정을 인정하고 껴안을 수 있는 적절한 말을 찾아야 했다.

누군가를 진심으로 위로해준 경험이 있는 사람들은 안다. 위로의 방법은 별로 없다는 것. 그저 옆에서 손을 잡아주고 안아주고 눈을 마주치는 것 밖엔 달리 할 일이 없다는 것을 말이다. 나 또한 그랬다. 부정적인 마음들이 한데 얼어붙어 어쩔 줄 모르는 아이에게 해줄 수 있는 일이라곤 그냥 기다려주는 수밖에 없었다. 아이의 분노와 절규에는 가늠할 수 없는 시퍼런 슬픔이 숨어 있었다.

그 슬픔은 아이의 작은 몸으로는 감당할 수 없는 것 같았다. 아이는 고통을 온몸으로 표현했다. 그 모습을 보고 있으면 작은 몸에 서려있는 독한 슬픔이 전염되는 것 같았다. 더 이상 그냥 보고 있을 수가 없어 서로의 모습이 보이지 않을 정도로 꽉 안았다. 아이의 슬픔이 온전히 나에게 넘어 오길 바랐다. 물론 아이는 그 순간도 거부했다. 발버둥 쳤고 소리를 질렀다. 그래도 내가 해줄 수 있는 건 안아주는 일뿐이었다. 억지로 안고 방에 들어가 우는 아이의 눈물을 닦아주었고 안아주었다. 내 몸이 아이에게 붕대가 되길 바라는 마음이었다. 어떤 날은 어떻게 해도 괜찮아지지 않았고 공감만으로는 부족할 때면 내 눈물을 아이의 눈물에 섞었다.

"왜 이렇게 화가 났어?"

"흑흑흑 . . ."

아들은 자기의 마음을 설명하기엔 너무 어렸다. 대답할 수가 없었지만 엄마가 무슨 말을 하고 있는지는 알고 있었다.

"마음 괜찮아?"

처음에는 말이 서툰 아이는 표현을 못했지만 시간이 점점 흐르고 아이가 말을 좀 더 잘하게 되니 이젠 제법 자신의 속상함을 이야기하기 시작했다.

어느 날은 아빠가 소리를 질러서, 어느 날은 엄마가 봐주지 않아서, 어느 날은 동생이 자기 장난감을 뺏어갔기 때문이라고 말했다. 그럴때마다 아이의 기분을 알아주고 왜 그런 행동을 하게 되었는지 설명을 해주고 안아주고 뽀뽀해주고 아이가 사랑을 느낄 수 있게 쓰다듬어 주었다. 그렇게 아이의 문제가 해소되는가 싶으면 다시 힘든 시기가 찾아왔다.

 그렇지만 아주 조금씩, 1mm씩 아이가 나아지고 있다는 느낌이 들었다. 하루에 두 세 번씩 울던 아이는 점점 그 횟수가 적어졌고 밤에 깨서 혼자 우는 일이 줄었고 웃는 일이 생겼다. 어린이집에서도 점점 활동에 참여하기 시작했고 지금은 아이컨택도 그럭저럭 잘 이뤄지고 있다. 여전히 가끔씩 슬픈 눈을 하고는 혼자 구석에 들어가 있기도 하고 나는 아이의 마음과 기분을 헤아리느라 여념이 없지만 사소하게 기분을 물어봐주고 알아주는 말 한마디가 차가운 마음을 녹일 수 있다는 것을 알게 되었다.

 살면서 누구나 한 번은 그런 일이 생긴다. 누군가를 질투하면 안 되는 상황에서 질투가 나는 일. 선택받고 싶지만 선택받지 못해 속상한 일. 집중받고 싶고 관심받고 싶지만 내 마음만큼 채워지지 않는 일. 그럼에도 불구하고 이런 상황에 자존심이 매우

상해 그런 척하지 않아야 하는 상황 말이다.

그럴 때 어른이라고 부르는 우린 어떨까? 아이보다 두 배로 큰 키를 가진 어른은 이 감정을 두 배로 더 자연스럽게 처리할 수 있을까?

그저 그런 척을 할 뿐이다. 괜찮은 척, 아무렇지 않은 척. 하나도 괜찮지 않으면서 울음을 참는다. 그때 누군가가 내 기분을 물어준다면, 내 눈물에 기꺼이 당신의 눈물을 섞어 아픈 마음을 같이 마셔준다면 얼마나 위로가 될까.

그렇게 나는 두 아이의 엄마가 되고서야 위로하는 방법을 배우는 중이다.

엄마는 요즘 너로 인해 세상을 위로하는 법을
배우는 중이야.

길어지는 치맛자락

눈부신 날들 111

 아이가 장난감 자동차를 집안에서 신나게 탄다. 코로나 때문에 밖에 나가지도 못하고 집에서만 노는 아이들에게 이젠 '조용히 해라, 뛰지 말아라.' 하지도 못하면서 아랫집이 신경이 쓰여 온 신경을 곤두세우고 있다. 게다가 아이들이 먹고 난 밥상을 치우면서 아이가 흘려놓은 밥풀을 밟을까 노심초사하고 혹여나 아이들이 와서 이 난장판을 밟을까 싶어 재빠르게 닦으면서 설거지하기 전에 아이들 약을 잊지 말고 챙겨주자고 마음속으로 되뇌느라 정신이 나가 있는데 아이는 무심코 한마디 한다.

"엄마, 나 저 멀리 갈 거야."

"그래. 그래그래. 근데 좀 조용히 타."

아이의 말을 못 들은 척 하기는 좀 그러니까 영혼 없는 말을 해 버린다.

해야 할 일들이 너무 많다. 나는 원래 생겨 먹은 게 허술하고 허둥대고 잘 잊어버린다. 내 몸 하나 건사하지 못하는 내가 두 아이를 챙겨주려니 여간 바쁜 게 아니다. 그러다 보니 집안일을 하다 보면 아침에 돌려놓은 빨래를 잊고 있다가 저녁에 널거나, 아이들 약을 빠뜨리거나, 핸드폰으로 장을 보고 난 다음 결재도 하지 않고 기다리는 일들이 많아 무슨 일을 할 때마다 다음 해야 할 일이 뭔지 생각하고 잊지 않으려고 하다 보니 거의 정신이 반쯤 나가 있다. 그 와중에 둘째는 요즘 자기 주도 식사를 하기 시작했는데 말이 자기 주도 식사지 밥풀을 머리끝부터 발끝까지 꼼꼼하게 붙이고 앉아 있다. 의자는 말할 것도 없고 식탁과 식탁 다리 그리고 바닥... 내 옷에 옮겨 묻지 않으면 다행이다. 게다가 큰 녀석은 밥을 잘 먹지 않아 먹여주는 일이 많은데 그렇게 두 아이의 식사를 도와주고 나면 정작 나는 밥을 한 그릇을 먹었는지 두 그릇을 먹었는지 모를 지경이다. 방금 먹은 밥이 체할 것만 같다.

근데 뭐라고? 멀리 간다고?

갑자기 그 말이 내 가슴을 퉁 치고 지나간다.

'멀리 간다고? 어딜?'

아직까지 내 품에서 하루 종일 먹고 자는 녀석이 멀리 갈 거라니.

갑자기 예상치 못하게 마음이 시큰거린다.

첫째 아이를 낳고 아무것도 할 줄 모르는 연약한 아이 옆에 누워 엄청난 부담감에 눈물 흘리던 때가 있었다. 언제까지 이렇게 살아야 하나 하는 생각에 가슴이 너무 답답했고 감당할 수 없는 큰일을 저지른 것만 같아 무섭게 느껴지기도 했다.

한 아이가 완성되는데 20년이 걸리고 육아는 20년을 바라보고 해야 한다는 오은영 박사님의 말을 들으면 '헐... 20년? 20년 동안 나 이 짓 해야 해???'라고 생각했다. 해야 할 일도 많고 하고 싶은 일도 많은데 대부분의 시간이 육아로 소비되는 나의 인생이 가끔은 불행하게 느껴지기도 했다. 하지만 생각보다 아이는 빠르게 성장하고 시간은 빠르게 흘렀다. 첫 출산이 어땠냐고 물어보면 붙잡고 앉아 어땠는지 온종일 이야기해줄 수 있을 만큼 기억은 생생한데 아이는 어느덧 커서 5살이나 되었다.

모든 부모가 그렇듯 나 역시 아이가 조금 더 똑똑했으면 좋겠고, 조금 더 키가 컸으면 좋겠고, 조금 더 힘이 셌으면 좋겠고, 조금 더 건강했으면 좋겠고, 조금 더 큰 꿈을 꿨으면 좋겠고, 조금 더 많이 성장하길 바랐다. 이런 나의 마음이 보태져 아이가 더 멀리 그리고 높이 뛸 수 있다면 좋겠다고 생각했다. 바람대로 아이는 빠르게 성장했고 스스로 걷고, 스스로 말을 하고, 스스로 화장실을 가고, 스스로 옷을 입고, 스스로 생각하고, 행동했고, 결정하기 시작했다. 아직은 스스로 할 수 없는 일이 더 많지만 지금대로라면 분명히 아이는 훌쩍 자라 지금의 나보다 훨씬 더 나은 능력을 가지게 될 것이다. 나보다 더 튼튼한 다리를 가지고, 나보다 더 높은 꿈을 가지고, 나보다 더 넓은 혜안을 가지게 되면 정말 나에게서 멀리 갈 수도 있다.

아주 먼 얘기처럼 느껴지는 그 날이... 뜬금없는 아이의 말 한마디로 내게 훅 와 닿아 버린 것이다. 언젠가 이 작은 아이가 크게 자라 아주 멀리 도약할 수 있을 때, 혹은 자신의 꿈을 이루기 위해 아주 멀리 떠나 버린다면 아쉽고 섭섭한 마음을 어찌 감당할 수 있을까.

 사실은 이렇게 함께 살을 맞대고 함께 할 수 있는 이 시간이 얼마나 짧고 달콤한 순간인지 누구보다 잘 알고 있다. 아이가 커가는 모습들을 놓치고 싶지가 않아서 핸드폰이 꽉 차도록 사진을 찍어대고 이렇게 글을 적어놓는 것을 보면 나는 아이를 키우는 기쁨을 누구보다 잘 알기 때문이 아닐까.

 하지만 가끔씩 이런 생각을 잊고 익숙한 행복 속에서 투정을 부리며 불행하다고 여기는 나는 얼마나 이 행복에 무뎌진 걸까.

 "엄마, 나 저 멀리 갈 거야."

 '그래. 힘차게 가봐. 엄마는 태양처럼 따듯하게 늘 너를 비추고 있을 테니까.'

뜻하지 않게 멀리 가더라도 우리 지금 함께 한 시간이 가득 충전된 배터리처럼 삶의 원동력이 되어 주기를...

아이가 붙잡고 있는 치맛자락이 점점 길어진다.

더 나은 네가 되지 않아도 괜찮아

"어머니 여기 좀 보고 가세요~ 어머! 너 몇 살이니?"

우유와 아이가 며칠 전부터 먹고 싶다던 초코픽 과자를 사려고 슈퍼를 가는 길. 마치 아는 사람처럼 눈을 반달처럼 예쁘게 뜬 여자가 우리 쪽으로 걸어와 말을 걸었다. 아이들에게 바람개비 하나씩을 쥐여주더니 나에겐 학습지 홍보가 담긴 책자를 하나 건넨다.

"어머니 이것 좀 읽어보세요. 아이들이 재밌게 할 수 있는 한글 공부 한번 시켜보세요."

학습지다.

학습지라니... 어릴 때 매일 밀려서 책상 밑에 숨겨두고 있다가 선생님이 오시기 전날 점검하는 엄마에게 엄청 맞아가며 밤새 풀던 그 학습지다. 30년 가까이 지난 지금도 살아남은 이 학습지는 바퀴벌레처럼 생명력이 길었다.

 '학습지'라는 말만 들어도 두드러기가 날 것 같았고 조금 더 머물렀다가는 듣고 싶지 않은 이야기를 들어야 할 것 같아서 일단 그 자리를 피했다. 슈퍼에 들어가 아이가 그토록 먹고 싶어 하던 초코픽을 샀다. 이 초코픽도 한 30년 가까이 살아남은 과자다. 사실 내가 어릴 때 가장 좋아했던 과자였다. 이상하게 오늘따라 나의 어린 시절이 자꾸 떠오른다.

 집으로 돌아와 아이가 먹다 남긴 초코픽을 오도오독 씹으면서 가방에 무심코 접어 넣은 학습지 홍보 책자를 열었다. 안 받았어도 되는 거였고 안 보고 버렸어도 되는 거였지만 그러지 못했다.

 우리 아이는 이제 다섯 살. 사실 어떤 교육을 시키기엔 아직 이른 게 아닌가 싶으면서도 이미 영어와 중국어를 시작했다던 남편 직장동료의 아이가 떠올랐다. 우리 아들과 같은 해 같은 달에 태어난 아이인데 조기교육을 시킨다 어쩐다 하면서 늘 우리의 교육관을 흔들던 인물이었다.

남편과 나는 종교와 정치 성향은 달라도 교육관 하나만큼은 같은데 그건 바로 '공부를 억지로 시키지 않겠다.'는 의견이었다. 내 아이의 어린 시절은 성공하는 어른이 되기 위한, 참고 견뎌야 하는 공부로 얼룩진 괴로운 시간이 아닌 즐겁고 소중하고 예쁜 시절로 기억하게 하고 싶었다.

'넌 참 어릴 때 똑똑했어. 5살에 한글을 쓰고 100까지 숫자를 읽었다니까~.'라는 말보다

'넌 참 어릴 때 공룡을 좋아했어. 티라노사우루스를 좋아해서 사진을 찍는다고 하면 맨날 티라노의 짧은 앞발처럼 손등을 가슴에 붙이고 공룡 소리를 냈다니까.'라는 말을 하고 싶었다.

어느 날 아이가 학교에서 빨간 비가 내리는 시험지를 받아온다 해도 그 비 내리는 속상함을 공유하는 엄마가 되고 싶지, 비 내리는 시험지를 비교 분석하는 엄마는 되고 싶지 않았다. 그런데 이런 생

각들은 어디 가고 팔랑거리는 얇은 학습지 홍보지 한 장에 흔들리는 얄팍한 교육관에 웃음이 났다.

'우리 애만 뒤처지는 것 아니겠지?' 하는 불길한 생각과 요즘 글자와 숫자에 은근 관심 보이는 아이에게 조금 더 신경 써주면 정말 공부를 잘하게 되는 건 아닌지 하는 일말의 기대감이 슬며시 고개를 들었다. 그 얇은 홍보지 한 장은 팔랑거리며 내 마음을 크게 부채질하고 있었다.

시켜야 하나 말아야 하나 생각을 하면서 초코픽을 씹어먹고 있는데 아이가 뛰어가면서 과자 통을 걷어차는 바람에 아슬아슬하게 세워져 있던 과자 통이 힘없이 나동그라졌다. 나 어릴 땐 초코픽에 초코와 과자만 들어있었는데 요즘 초코픽에는 하얀 데코레이션용 설탕가루가 같이 들어있어서 과자를 초코에 먼저 찍은 다음 그 하얀 가루를 찍어 더 예쁘고 달콤하게 먹을 수 있다. 30년 살아남은 과자의 혁신적인 변화였다. 하지만 이 가루를 치워야 하니 보통 성가신 게 아니었다.

아이는 내 눈치를 슬금 보더니 앉아서 그 가루를

작은 손가락으로 꾹꾹 눌러 주워 먹기 시작했고 치워야 할 생각에 갑자기 신경질이 난 나는 그 상황을 애써 무시하며 학습지 홍보지를 다시 처음부터 읽어보았지만 글은 눈에 들어오지 않았다. 혼날까 봐 내 눈치를 보며 가루를 하나씩 주워 먹는 아이를 보니 순간 엄마 몰래 밀린 학습지를 숨겨놓고 조마조마하던 내 모습이 떠올랐다.

홍보지를 거칠게 접어 버리고는 화를 내는 대신 아들의 머리를 한번 쓰다듬어 주고는 괜찮다고 엄마가 치우겠다고 예쁘게 말했다.

아이가 발달이 늦거나 무언가가 부족하게 되면 부모는 괜한 걱정과 조바심이 난다. 아들 녀석은 지금 돌이켜보니 발달이 느린 건 아니었지만 순간순간 그럴 때가 있었다. 6개월이 다 되도록 뒤집기를 못했을 때, 두 돌이 지나도록 "엄마, 아빠"를 하지 못했을 때, 세 돌이 다 되도록 기저귀를 차고 있을 때도 영유아 검진에서 사회성이 너무 부족한 아이로 나왔을 때도 걱정을 했다.

하지만 지금 아이는 잘 뛰어다니고 말도 잘하고

기저귀도 뗐고 사회성도 아이의 성향이나 성격으로 치부해버릴 만큼 좋아졌다.

결국 완전한 인간으로 완성되는 데 20년이 걸린다니 뭐 때문에 이렇게 조바심을 내고 걱정을 하고 있는 걸까. 이 예쁘고 귀여운 아이에게 뭘 더 바랄까? 이미 엄마가 무얼 싫어하는지 어떨 때 화를 내는지 다 알고 있는 이 똑똑한 녀석에게 내가 지금 뭘 바라고 있는 걸까? 어쩌면 똑똑하지 못했던 나의 부족함을 아이를 통해 채우려는 욕심은 아닌지.

아이는 자기의 속도대로 성장하는데 왜 옆에서 이렇게 재촉하고 채근하고 욕심내고 조바심 내고 있는지.

그런 마음이 괜히 우릴 불행하게 만드는 건 아닌지...

생각이 거기쯤 도달하자 옆에서 아직도 가루를 핥아먹고 있는 아이가 그냥 귀여워졌다.

"근데 초코픽 사달라더니 왜 넌 안 먹어?"

어쩌면 아이가 수없이 나열한 과자 중에 하나일

뿐인데 내가 좋아하는 과자라서 예민하게 집어 들은 건 아닐까. 하얀 가루는 모두 쏟아져 버렸고 과자는 딱 하나 남아있었다. 나는 남은 과자를 하나를 들어 초코에 딱 찍었다. 그리고 미련 없이 내 입에 쏙 넣었다. 야무지게 오독오독 씹어 먹으면서 일곱 살 무렵 엄마를 졸라 초코픽을 먹던 어린이로 돌아갔다.

'난 그동안 얼마나 나아지고 얼마나 자란걸까.'

어쩌면 학습지는 아이가 아니라 내가 해야 할 것 같았다.

괜찮아.

더 나은 네가 되지 않아도.

아줌마

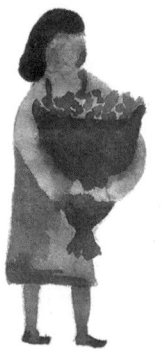

언제 미용실을 다녀왔는지 예전에 염색한 갈색머리가 머리 중반까지 내려온 뻣뻣한 머리를 질끈 묶은 여자.

어딘가 아파 보이는 화장기 없는 얼굴.

집 냄새가 가득한 헐렁한 티셔츠에 정말 더워서 입은 것 같은 반바지.

신경 쓰지 못한 못생긴 발톱을 당당히 내놓고는 뒤축이 닳을 대로 닳은 슬리퍼를 신은 여자가 자기 자신보다 더 사랑하는 것 같은 아이를, 지금 입은 옷 백 벌은 살 수 있을 것 같은 비싼 유모차에 태우고 동네를 지나간다.

그 아이를 위해서라면 어디서라도 큰 목소리를 낼 것만 같은 여자.

그 아이를 위해서라면 어떤 행색이라도 부끄럽지 않은 것 같은 여자.

야한 농담이 부끄럽지 않을 만큼 세상 부끄러울 것도 창피할 것도 없는 그런 여자가 지나간다.

결혼을 하고 아이를 낳고 누군가의 아내가 되고 누군가의 엄마가 되어 그들의 삶의 스며드는 사람이 되면 사랑하는 그들을 위해 어떤 일도 할 수 있는 강인한 힘이 자동으로 생기는 줄 알았다.

그러면 예전보다 더 뻔뻔해지고 억척스러워지고 강해지는 줄 알았다.

이제는 어디 가서도 어리지 않은 나이가 되었고 결혼을 하고 아이가 생기고 이젠 신혼이라고 말하기도 애매한 시점에 내 모습은 영락없는 아줌마와 어울리고 말았지만 마음만큼은 내가 생각했던 강하고 억척스러운 그런 아줌마가 되지 못했다.

결혼을 하고 남편과 몇 번의 섹스를 했더라... 기

억도 나지 않을 만큼의 횟수... 그리고 출산을 하면서 남편이 아닌 다른 사람들 앞에서 치부를 드러내고 모르는 남자에게 다리를 벌린 채로 바느질을 당하고 배고픈 아이에게 장소를 가리지 않고 가슴을 내어주고 밤새도록 젖가슴이 너덜 해질 정도로 빨렸지만 마음은 전혀 부끄럼을 모르게 되었다거나 무뎌졌다거나 뻔뻔해질 줄을 몰랐다.

 오히려 소녀였을 때보다 더 말랑말랑한 마음은 밖에 나가보지 않은 아기의 속살처럼 더 연해져 사소함에 울고 웃는 미약한 존재가 되어버렸다.

 지독한 첫사랑의 열병을 앓는 소녀처럼 남편과의 지독한 사랑을 통해 자식을 낳고 그 자식에게 누구와도 해본 적 없는 지독한 사랑을 처음 해보는 엄마가 된 나는 그렇게 아이를 가진 아줌마가 되면서 담대했던 마음은 온 데 간데없고 소심해지고 약해지고 섬세해져 굴러가는 낙엽만 봐도 웃고 흘러가는 빗물만 봐도 눈물을 흘리는 사춘기 소녀처럼 오늘도 사소한 일에도 울고 웃었다.

오늘은 아이가 넘어져서 다쳐서 울고

오늘은 아이가 처음 걸어서 기뻐서 울고

오늘은 아이가 내 말을 안 들어서 울고

오늘은 아이가 너무 예뻐서 울고

오늘은 아이가 울어서 울었다.

남편의 시시한 농담에 키득거리고

남편의 못생긴 얼굴이 웃겨 웃다가도

가끔은 남편의 어깨에서 삶의 무게를 발견해서 울고

남편의 코 고는 소리가 너무 고달프게 들려 울고

어느 날은 남편이 너무 미워서 울었다.

그렇게 말랑거리는 가슴을 해서는 하루도 빠짐없이 매일 새벽같이 일어나 분유를 타서 아이에게 먹이고 간단히 남편의 아침을 차리고 회사 가는 남편을 배웅하고 다시 아이를 재우고 아침을 먹고 설거지를 하고 쌀을 불려 온갖 재료를 세척 손질해서 갈아서 이유식을 만들고 또 설거지를 하고 깨어

난 아이를 마사지하고 아이 이유식을 먹이고 분유를 먹이고 빨래를 돌리고 빨래를 널고 핸드폰으로 장을 보고 아이 기저귀를 갈아주고 빨래를 개고 밥을 먹고 설거지를 하고 아이 유산균을 먹이고 틈틈이 물과 과일주스를 갈아 먹이고 분유를 먹이고 이유식을 먹이고 분유를 먹이고 이유식을 먹이고 분유를 먹이고 설거지를 또 하고 아이 간식을 먹이고 내 간식을 먹고 글도 쓰고 그림도 그리고 기저귀를 갈아주고 안아주고 놀아주고 목욕을 씻기고 집 청소를 하고 남편 저녁을 차리고 치우고 아이를 재우는 일을 휴가도 병가도 없이 해야만 하는 강한 여자의 삶을 살게 되어버렸다.

나 자신보다는 내 가족을 위해 이 한 몸 불사르는 여자.

아줌마.

그렇게 아줌마가 된다는 건 약한 마음을 가지고 강하게 살아야 하는 것을 의미할지도 모른다.

이렇게 바쁜 하루 일과 중에도 시원한 가을바람을 마시고 싶어 괜히 아이를 데리고 밖에 나와본다. 황급히 나오느라 화장도 못하고 씻지도 못하고 집에서 입던 옷을 입고 유모차를 끌고 밖으로 나왔지만 덜 익은 노을과 온기가 남아있는 가을바람에 흔들리는 머리칼을 느끼면서 말랑거리는 가슴을 쓸어 내려본다.

유모차에 앉아있는 작은 아이는 예쁘지 않은 나를 향해 예쁜 웃음을 보이고는 세상 편하게 잠이 든다.

이 아이는 아직 내가 아줌마라는 걸 모른다.

다이어트

뱃속의 아이가 궁금해서 병원에 열심히 다니면서 초음파를 보던 게 엊그제 같은데 어느새 아이는 훌쩍 자라 나와 손을 잡고 밖을 거닐게 되었다.

이쯤 되면 모유 수유도 끝나고 이제 아이와 연결된 또 하나의 탯줄이 이렇게 끊어진다.

이제는 아이가 아닌 나에게 맞추어 음식을 골라 먹을 수 있고 살을 뺄 수도 있는 시기다. 수유를 하지 않으니 운동을 하지 않으면 살이 많이 찔 수도 있다.

'살을 빼볼까?'

이제서야 내 몸에 대해 관심이 생긴다.

낳아본 사람들만 아는 몸의 변화.

체중이 많이 늘지 않아도 넓어진 골반과 등판. 굵어진 팔뚝 후덕한 턱살...

바지 사이즈가 달라지고 브래지어 사이즈가 달라진 내 몸.

제일 많이 변한건 역시 배와 가슴.

바람 빠진 풍선같이 야들야들하게 늘어진 뱃살.

막달에 아이의 무게를 견디지 못하고 터졌던 야들야들한 내 아래 뱃살엔 누가 난도질한 것처럼 하얀 칼자국 같은 흉터가 셀 수 없이 많이 생겼고 그렇게 넓어진 표면들이 늘어져 더 이상 중력을 이기지 못하고 팬티 바깥으로 흘러나왔다.

작은 가슴으로 평생 살아온 내 몸뚱어리에 몇 리터 씩의 모유를 들고 다니면서 버거웠던 등짝은 근육 대신 살을 찌웠다. 그러면서 어색하지 않게 팔과 겨드랑이에도 골고루 군살이 붙었다.

수유를 양쪽 고르게 하지 못해 잘못된 밸런스로 마지막 수유 때는 거의 두 배 정도의 크기가 차이

났던 내 짝가슴... 많이 불었던 가슴은 영락 없이 더 우울한 모습이었다.

굳이 체중계에 올라가 처녀적 몸무게와 비교하지 않아도 내 몸은 많이 달라져 있었다.

이것들을 다 어떻게 해야 하나...

육아가 분명 고되고 힘들지만 아이러니하게도 육아를 빡세게 한다고 해서 배에 식스팩이 생기는 것도 아니고 피골이 상접하게 말라지는 것도 아니었다. 오히려 군살 위에 소복이 내려앉은 포동포동한 살들이 육아가 이렇게까지 힘들지 않았으면 큰일 날 뻔했다고 말했다.

아이를 키우느라 밥을 제때 먹지 못하고 허겁지겁 아무거나 먹는 게 화근인 걸까. 생각해보면 난 오늘 급한 대로 라면 하나 먹고 빵 하나 먹고

요플레 하나 먹고 믹스커피 한잔 마시고

급한 대로 어제 먹다 남은 피자 한 조각 먹고 치킨 그것도 순살로 한 마리 시켜 먹고

급한 대로 맥주 한 캔 마시고 과자 한 봉지 클리

어

 디톡스 차 한잔 영양제 한 알. 그리고 스피룰리나 노니.... 녹용!

 차라리 디톡스 차 한 잔을 안 먹는 게 나을뻔했다.

 그럼 피자도 치킨도 맥주도 먹지 않았을 테니까...

 정말 독한 엄마들은 다이어트를 하고 운동을 하고 관리를 하겠지만 아이를 키우면서 운동을 하고 다이어트를 한다는 건 마라톤을 뛰는 선수에게 모래주머니를 채워주는 것과 다를 게 없다. 그만큼 가혹하다. 주린 배로 신경질을 내가면서 아이를 케어할 순 없는 것이다.

 그래서 나는 생각을 바꾸기로 했다!

 '이건 아무나 가질 수 없는 아이를 낳아본 엄마들만 가질 수 있는 훈장이지. 내 몸에 새겨진 아이의 흔적이지.'

 이렇게 생각하니 굳이 힘들게 없애야겠다는 생각

도 들지 않았다.

 물론 옛날처럼 비키니를 입거나 달라붙는 옷을 입지는 못하겠지만

 남들은 쉽게 가질 수 없는 쪼그라든 가슴과 터진 뱃살이 엄마들만 가질 수 있는 몸이라고 생각하니 난 또 이게 그렇게 자연스럽고 예뻐 보일 수 없는 것이다...라며 멍청해 보이는 몸에 대해 관대해져 본다.

 그렇게 난 몸에 살만 찐 것이 아니라 나 자신에게 너그러워질 만큼 마음에도 살이 찐 듯하다.

 이렇게 이왕 자신에게 너그러워진 만큼, 아니 넓어진 등짝만큼이나 너그럽고 따듯한 엄마가 되고 싶어졌다.

 그리고 내 자식에게 따듯하고 넓은 엄마인 만큼 다른 아이에게도 다른 엄마들에게도 다른 사람들에게도 따듯하고 넓은 사람이 되고 싶어졌다.

 후덕한 인상만큼이나 인품도 후덕한 사람.

 항상 넉넉함을 가지고 있는 사람.

늘어진 뱃살만큼이나 야들야들하고 정이 넘치는 사람.

그런 마음으로 아이를 키우는 사람.

아이에게 보내는 사랑의 눈빛으로 세상을 바라볼 줄 아는 사람이 되고 싶어졌다.

사실 다이어트를 포기한 건 아니다. 하지만 38살이 먹도록 다이어트를 매일 해왔으니... 앞으로도 쭉 다이어트를 해 볼 생각이다. 하지만 한 번도 말라깽이가 되어 본 적이 없는 것처럼. 나는 이 엄마의 훈장을 없애려야 없앨 수는 없을 것 같다.

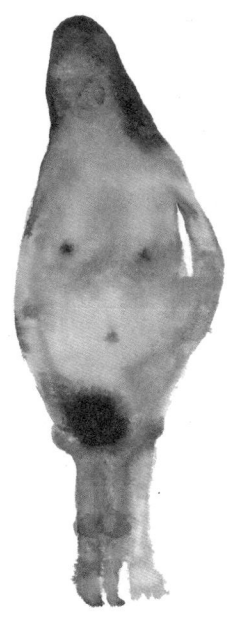

우리 조금씩 자신에게 관대해져도 괜찮아요.

엄마 9단

아가의 울음소리가 잦아들고 어느새 숨소리가 더 커진다. 세상이 궁금해 잠들기 싫은 아가는 오늘도 잠과의 싸움을 대단히 하는 모양이다. 세상사가 힘들어 틈만 나면 드러누워 자고 싶은 어른들은 전혀이해 할 수 없는 아이의 잠투정. 어쨌든 이 눈물겨운 아이의 잠투정이 끝났고 언제 울었냐는 듯 세상 편안한 얼굴로 잠든 아가를 보니 만감이 교차한다.

그런 아이의 이마에 입술도장을 꽉 찍어주고는 아무 일도 없다는 듯이 이불을 반듯이 펴서 덮어주고는 도망치듯 방에서 빠져나왔다.

아이를 돌보느라 아침부터 세수도 못한 푸석푸석한 얼굴.

미루고 미뤄둔 큰일.

점심때가 다 되도록 하지 못한 아침식사.

난 아무것도 못했는데 거실엔 아까 개다만 빨래가 어지럽게 널려있고 아이가 밥을 먹은 흔적들이 적나라하게 펼쳐져 있고 세탁기에서는 세탁을 마친 빨래들이 햇볕을 기다리고 있다. 아이가 먹고 난 젖병에 번식하는 세균, 애벌빨래를 미뤄둔 아이의 내복이 나를 애타게 찾고 있건만 그보다 더 급히 해야 할 일들이 있었다.

눈을 질끈 감고는 일단 급히 빵 한 조각으로 허기를 달래고 뜨거운 물에 믹스커피 휘휘 말아 아무도 들어가지 않는 작은 창고 방에 노트북과 스케치북 하나를 펴놓고는 그 앞에 앉았다. 하루 24시간 엄마 역할을 해야 하는 내게 그 역할에서 벗어나 온전히 나를 생각하고 나를 위한 일을 할 수 있는 유일한 시간과 공간.

엄마가 되기 전에는 하루를 온전히 나를 위해 살아도 가끔은 그 조차 힘겨워 그냥 보내버린 시간들도 많았는데 이제와 그런 시간들이 내 인생에 얼마나 소중한 시간들이었는지... 손가락 사이로 빠져나간 시간들이 후회가 되어 주먹을 더 꽉 쥐게 만든다.

 언제부턴가 아이의 엄마, 남편의 아내로 생활하는 것이 자연스럽고 당연하게 받아들여졌다. 내 일을 찾고 내 꿈을 좇기보다 지금 내 눈앞에 펼쳐진 육아와 가사에 집중하면서 하루하루를 헤치우는 느낌으로 보낸 생활. 그런 생활이 딱히 싫지는 않았다. 그 속에서 울고 웃고... 나만을 위해 사는 삶보다 훨씬 감정적으로는 풍요로웠으니까. 하지만 하루하루 눈에 띄게 성장하는 아이와는 다르게 해도 별로 티가 나지 않는 집안일에 매달리는 나는 보이지 않는 일을 하면서 언제부턴가 내 존재도 보이지 않는 것처럼 느껴졌다. 가족들이 아니면 아무도 날 찾지 않았고 아무도 날 부르지 않았다. 내 이름을 말하기보다 누구의 엄마로 불리는 일들이 많아졌고 어느새 내 이름으로 된 sns에는 아이의 사진이 내 사진보다 더 많아졌다. 이렇게 삶의 주인공이 자신이 아닌 엄마의 삶은 가끔 서글펐다.

아이가 태어난 순간 멈춰버린 내 자아의 크기로 평생을 만족할 수 있게 될까.

아이가 자라서 더 이상 나를 찾지 않게 되었을 때, 자라지 못한 내 자아가 자식들에게 비뚤어진 사랑을 강요하게 되진 않을까.

나중에 먼지가 가득 쌓인 꿈을 꺼내보면서 육아로 보낸 청춘을 원망할까 겁이 났다. 내 안에 숨어 울상을 짓고 있는 나를 이젠 더 이상 모른 척할 수가 없었다

반면에 아이는 자고 일어나면 매번 자라 있었다. 매일매일 키가 컸고 몸무게가 늘었고 할 수 있는 일이 한 가지씩 늘어났고 그렇게 커가고 있는 아이를 보면서 기쁘고 행복했다.

아이가 자고 일어나면 조금씩 성장해 있는 엄마를 마주하길 바랐다. 그리고 그런 엄마를 보며 기쁘고 행복하길 바랐다. 비록 집안은 더럽고 엉망이

지만 아이가 내게 준 소중한 시간을 집안 일로 소모하고 싶지는 않았다.

아이가 잠들기 힘들어 한만큼 나 또한 아이가 잠들고 나면 바로 써지지 않는 글을 붙잡고 바로 그려지지 않는 그림을 붙잡고 울고 불었다. 마음을 준비해야 시작할 수 있는 일들이기에 눌러지지 않는 감성의 단추를 수도 없이 누르고 또 눌렀다. 어떤 날은 한 줄도 못쓰고 시간을 반납해야 하기도 했고 재료 준비만 하다가 그 시간이 끝나기도 했다. 하지만 그런 날들조차 소중하고 또 소중했다. 그 시간은 아이가 내게 준 선물이었으니까.

"으응으~~~."

아이가 깼다. 엄마 스위치 on.

마치 처음부터 아이 옆에 누워있었던 것처럼 얼른 달려가 아이를 어루만진다. 아이가 깼지만 소중한 시간을 선물 받은 나는 아이의 까맣고 커다란 눈이 반갑고 고맙다. 서로 기분 좋은 얼굴로 한 번씩 웃고는 거실로 나온다.

미안하지만 집안이 엉망이다.

아이가 자기 전 난리 쳐놓은 집안 그대로 하나도 치우지 않았다.

별거 아니라는 듯 아이는 어지러운 장난감 사이로 아이는 비집고 들어간다. 나도 그제야 설거지를 하고 빨래를 하고 집을 치운다. 그래서 집은 거의... 매일... 항상... 엉망진창이다.

난 살림을 정말 못하는 엄마다. 앞으로도 주부 9단은 영영 되기 힘들겠지만 아이와 같이 매일매일 성장하는 엄마 9단이 되기를 바라며

오늘도 아이가 자는 동안 나는 꿈을 꾼다.

눈부신 날들 153

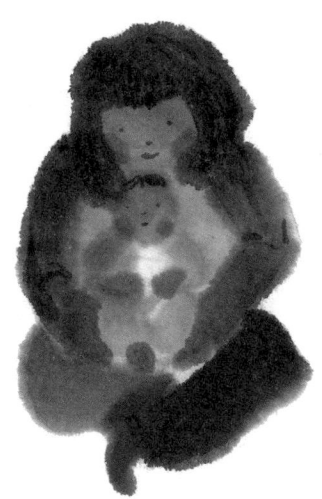

어른이 된다는 건

어쩌다 보니 결혼을 하고 애를 낳아서 그렇지.

'엄마'라는 소리를 듣는 사람이어서 그렇지.

그냥 나보다 더 미약한 존재를 키워야 해서 그렇지. 사실 엄만 아직도 너처럼 사탕과 젤리가 세상에서 제일 맛있고 과자와 아이스크림이 제일 좋아.

낮엔 낮잠도 자고 싶고 아홉 시에 자서 일곱 시에 일어나면 하루를 정말 신나게 보낼 수 있을 것 같아.

자고 일어나 아무 걱정 없이 내가 좋아하는 인형들을 거실 바닥에 쫙 깔아 놓고 하고 싶은 얘기도 하고 역할놀이도 한번 해보고 싶어.

누군가가 나를 서운하게 하거나 세상의 벽이 높다는 걸 실감하게 되는 날은 그냥 이불에 얼굴 파묻고 소리소리 지르면서 분이 풀릴 때까지 울어보고 싶고 그럴 때 누군가가 내 어깨를 토닥여 주었으면 해.

 안아 달라고 하면 누군가가 날 덥석 들어 안아주었으면 좋겠고 가끔은 누가 날 안고 빙빙 돌려줬으면 좋겠다고 생각할 때도 있어. 그러면 누구보다 높은 목소리로 신나는 기분을 표현하게 될 것 같아.

 길을 가다 발이 아프거나 다리가 아프면 누가 날 업어줬으면 좋겠고 어떤 날은 유모차에 반듯이 누워 하늘을 보면서 집에 오고 싶을 때가 있어.

 시간이 허락한다면 티브이도 마음껏 보고 싶고, 부엌에서 설거지를 하는 대신 네가 보는 만화영화도 같이 보고 싶어.

 스마트폰도 마음껏 하고 싶지. 누가 그만 하라고 할 때까지 말이야...

그냥 아무 생각 없이 깔깔대고 웃고 싶고, 그 웃긴 일을 무한 반복하고 싶어. 더 이상 웃음이 나지 않을 때까지...먹고 자고 숨만 쉬면서 사랑받고 싶어.

내가 오늘 뭘 했는지 보다 어떤 기분이었는지가 더 중요하고 싶어. 나도 어릴 땐 마냥 그랬겠지만 지금은 그럴 수가 없네. 넌 아직 모를 거야. 어른이 된다는 게 어떤 건지.

어른이 되면서 달라진 건 세상에 대한 호기심이 전보다 훨씬 줄어들었고, 꿈보다 현실이 더 중요하다는 사실을 매 순간 깨닫게 돼. 그리고 내키는 대로 행동하면 안 되지. 내 기분과 내 상태를 숨겨야 한다는 거야. 참고 또 참아야 해. 예를 들면 힐을 신고 밖에 나갔다가 뒤꿈치가 까져도 아프다고 울면 안 되는 거지. 그리고 나보다 잘난 인간들이 지천에 널려서 가끔은 나 자신이 이 세상에서 더 이상 쓸모없을지도 모른다는 불안감에 휩싸이는 일이 많아졌다는 거야.

그런데 꼭 나쁜 것만은 아니야. 어른이 되니 어렸을 땐 몰랐던 사랑을 원 없이 할 수 있게 되었거든.

어렸을 땐 느껴보지 못한 판타스틱한 오르가슴이나 성생활을 즐길 수 있게 된 건 아주 좋았지. 물론 좋았던 만큼 아프고 힘들게 너를 낳고 상상하지 못할 무거운 책임감들이 나를 '엄마'라는 이름으로 강제로 서있게 만들긴 했지만 말야.

너와 함께 웃고 즐기는 시간 동안에도 난 늘 너의 밥, 너의 기저귀, 너의 컨디션을 걱정한다는 게 많이 다르겠지만 그래도 함께 있을 땐 걱정거리와 생각들을 잠시 내려놓고 네가 꾸며가는 세상에 함께 있을 수 있어서 너무 좋았어. 상처받을까 두려워 다른 사람들에겐 함부로 나눠주지 못했던 진심을 너와 아낌없이 나누면서 순수하고 솔직한 내 모습을 발견하는 시간이 너무 좋았지. 어쩌면 이러다가 문득 나도 모르게 잃어버린 순수함을 다시 찾을 수 있을지도 모른다는 생각이 들었어.

너와 같이 과자도 먹고, 사탕도 먹고, 젤리도 먹

고, 만화영화도 같이 보고, 그림책도 같이 보고, 레고도 같이 하고, 인형 놀이도 같이 하면서 비슷한 놀이를 반복한다 해도 새로운 즐거움을 발견 할줄 알게 되었지. 그리고 너와 함께 웃는 순간엔 그 웃음을 계속 반복해서 웃고 싶어서 웃는 이유를 반복하며 웃고 또 웃었어. 그렇게 반복할 때마다 새롭게 웃는 것이 너무 좋았어. 웃을 때마다 표정 관리 하지 않아도, 훤히 드러나는 잇몸을 가리지 않아도 되는게 너무 좋았지.

그렇게 즐거운 하루를 보내고 밤이 되면 잠자는 너의 얼굴을 보면서 우리의 행복한 시간을 이야기하고 우리가 만날 수 있었던 행운에 대해 이야기할 수 있었어.

아무래도 어른이 되면 가장 좋은 점은 엄마가 되어 너와 함께하는 '이 시간'이 진짜 좋은 시간이라는 걸 알게 된다는 거야. 넌 이 시간이 얼마나 행복한지, 또 얼마나 소중한지 잘 모르겠지만 말이야.

고마워. 나를 어른으로 만들어 주어서...

To.

잠에서 깨면 꼭 기지개를 켜.

아침마다 스트레칭을 하면 혈액순환도 잘 되고 몸매가 예뻐질 거야.

아침밥은 거르지 말자.

그리고 편식은 금물! 골고루 먹어야 해.

TV는 가까이서 보지 마.

스마트 폰도 자주 안 했으면 좋겠어.

정서발달에도 좋지 않고 눈에도 좋을 리 없을 테니까.

햄버거 안 돼. 피자도 안 돼.

음식은 짜게 먹지 마.

유산균 잘 챙겨 먹고 물을 많이 마셔.

먹기 싫어도 비타민은 꼭 챙겨 먹어야지.

예쁜 것도 중요하지만 겨울엔 무조건 따듯하게 입어야 해.

겨울엔 바지 안에 내복을 하나 입는 게 좋겠어.

밖에 나가서 어른들을 만나면 인사를 꼭 해.

상대방이 먼저 하지 않아도 말이야.

그럼 따듯한 하루가 될거야.

나갈때는 답답하더라도 꼭 마스크를 쓰고.

집에 와서는 꼭 손을 씻으렴.

네가 하루하루 건강하고 행복하게 살았으면 해.

내겐 너의 존재가 제일 소중해.

너 자신도 네가 얼마나 소중한 존재인지 알았으면 좋겠다.

-내가 나에게-

에필로그

이 글을 세상에 내놓기까지 오랜 시간이 걸렸어요. 아이를 키우며 무언가를 한다는 건 쉽지 않았어요. 그것은 곧 밥 먹는 시간을 줄인다거나 잠을 줄인다거나...인간으로서 해야 할 기본적인 것들을 포기해야 한다는 의미였거든요. 그리고 때로는 아이들과 함께 하는 시간을 위해 모든 일을 뒤로 미뤄 놓아야 할 때도 있었어요. 그런 시간들이 쌓여, 아이들은 무럭무럭 자라 첫째 아이는 유치원에, 둘째 아이는 어린이집에 다니게 되어 저에게도 드디어 자유 시간이 생겼답니다. 그리고 나니 이제는 많은 걸 포기해야 했던 그 시간들이 너무 아쉽고 짧게만 느껴져요.

『아이는 훌쩍 자라 지금의 나보다 훨씬 더 나은 능력을 가지게 될 것이다. 나보다 더 튼튼한 다리를 가지고, 나보다 더 높은 꿈을 가지고, 나보다 더 넓은 혜안을 가지게 되면 정말 나에게서 멀리 갈 수도 있다.』 (본문 114쪽)

정말 저렇게 될 날도 머지 않은 거겠죠. 그렇다는 것을 알기에 지금 가진 행복들을 열심히 누리며 사랑하며 살아가려고 합니다. 모두들 지금이 얼마나 소중하고 행복한 시간인지 느껴보셨으면 해요.

힘들고 지치고 아무것도 아닌 것 같은 권태로운 하루 중에도 모든 것이 행복하다며 미소를 짓고 계셨던 아버지의 얼굴이 떠올라요. 아마도 아버지는 그 시간들이 얼마나 소중한지 잘 알고 계셨던거 같아요. 그땐 뭐가 그렇게 행복할까 싶어 이해되지 않았던 아버지의 생각과 마음이 이제야 조금씩 이해가 되요. 그렇게 소중하고 찬란한 날들 속에서 행복을 알게 해주신 아버지와, 지금의 내가 존재할수있게 해주시고 늘 옆에서 현명하게 이끌어 주시는, 그래서 많이 의지하게 되는 우리 엄마, 그리고 보잘 것 없는 내 인생에 들어와 사랑이 어떤 것인지 가르쳐주고, 어리고 부족한 내가 어른이 될 수 있도록 해준 나의 아가 성현이, 하영이, 그리고 늘 옆에서 묵묵히 힘이 되어주는 소중한 남편과 시부모님, 그리고 늘 누나를 즐겁게 해주는 동생 현중이와 멀고 먼 독일에서 나를 응원해주는 우리 언니와 형부, 내 소울메이트 홍이, 아버지의 빈자리를 조금이나마 채워주고 있는 강아지 샤찌를 포함한 가족들과 친구들에게 고맙다는 말을 꼭 전하고 싶네요. 그리고 마지막으로 이 책을 끝까지 읽어주신 분들과 엄마로서 살아가는 동료들에게 무한한 감사와 응원을 전합니다.

감사합니다.

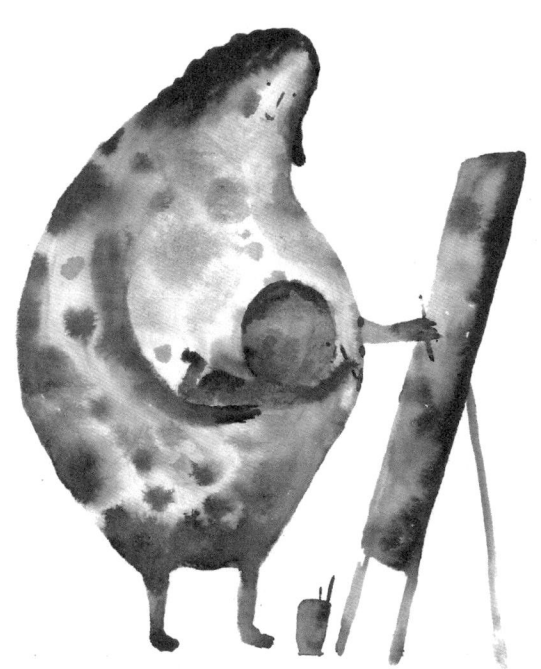

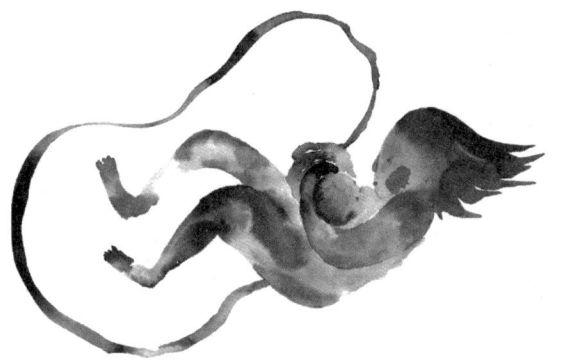

눈부신 날들
-너와 함께한 모든 날들-

초판1쇄 2021년 6월 10일

글·그림 묘연
펴낸곳 애틋
이메일 hyoart11@naver.com
ISBN 979-11-974932-0-1

·이 책의 판권은 저자에게 있습니다.
·책 내용의 전부 또는 일부를 이용하려면 저자의 동의를 받아야 합니다.
·이 책은 마기찬이 디자인한 Mapo금빛나루체를 사용했습니다.